EDITION
HERDER

Gertraud Meinel

HIMMLISCHE GÄRTEN

Von Paradiesgärten und Gartenparadiesen

Herder
Freiburg · Basel · Wien

Band 19 der
Edition Herder
Erste Auflage 1996

Gedruckt auf umweltfreundlichem,
chlorfrei gebleichtem Papier

Reproduktionen: HWF Müller GmbH, Denzlingen
Herstellung: Freiburger Graphische Betriebe 1996
ISBN 3-451-23986-8

Inhalt

Einleitung

Paradies und Garten

Verlockende Düfte, glühende Farben und lieblicher Vogelgesang erfüllen das Paradies, diesen behüteten Ort jenseits des Chaos, dem Sonnenschein und wohlige Wärme immerwährendes Blühen und Gedeihen schenken. Mit allen Arten schattenspendender Bäume, die nahrhafte Früchte im Überfluß hervorbringen, mit seinen Quellen und Bächen voll kühlen, klaren Wassers, das erquickt und Leben spendet, ist dieser Garten vor allem wegen des ungestörten, friedlichen Miteinanders von Mensch und Tier das Urbild wonnevollen Daseins schlechthin. Und da seine Grenzen nicht zuletzt auch Mühsal, Not und Tod fernhalten, erfüllt sich hier einer der großen, wenn nicht sogar der größte aller Menschheitsträume.

Die religiösen Vorstellungen von Juden, Christen und Moslems haben das Bild des Paradieses als Garten Gottes geprägt, in dem dieser selbst gerne verweilt. Mit Geduld und Liebe legte Gott als Gärtner den Paradiesgarten als das Schönste und Vollendetste seiner Schöpfung an, bepflanzte ihn und verlieh ihm seinen Segen, bevor er ihn den ersten Menschen anvertraute. Die göttliche Strafe, nach dem Sündenfall für immer daraus vertrieben zu werden, bedeutete einen traumatischen Verlust, der in uns Menschen bis zum heutigen Tag die ewige Sehnsucht nach dem Paradies wachhält.

Jeder Mensch trägt das Paradies in sich und besitzt die Freiheit, es sich in seiner Phantasie auszumalen, nach ihm zu streben oder es sich selbst zu schaffen. Er erlebt, was schon die heiligen Texte der Religionen geschildert haben: die schmerzvolle Trennung vom glückseligen Urzustand. Mit zunehmender Bewußtwerdung seiner selbst entfernt sich der Mensch vom Paradies, und damit auch von Unschuld, Harmonie und Geborgenheit; vergeblich wünscht er sich dorthin zurück. Nur im Hochgefühl der Liebe glaubt er, es zeitweilig wiedergewinnen zu können, und auch die Pflege eines eigenen Gartens, der Freude gewährt, kann einen kleinen Ersatz bieten. Erst am Ende seines Lebens erwächst die Hoffnung, in den Frieden des himmlischen Paradieses eingehen zu dürfen.

Die weltumfassende Vorstellung vom Paradiesgarten strahlt durch die Jahrtausende und Kulturen eine ungeheure Faszination aus, verbindet sie doch Vergangenheit, Gegenwart und Zukunft des Menschengeschlechts ebenso wie das individuelle Geschick des einzelnen Menschen. Nicht von ungefähr spiegelt sich dieses Ursymbol der Menschheit in unzählbaren Mythen, Märchen, Sagen, Legenden und Liedern, in Dichtung und Bildender Kunst wider, wovon dieses Buch einige Kostproben enthält.

Auch die Gestaltung prächtiger Gartenanlagen kann als die menschliche Antwort auf das Vorbild des göttlichen Paradiesgartens verstanden werden. Bei dem Versuch, das Paradies kunstvoll nachzuahmen, sind zuweilen wahre Gartenparadiese entstanden. Als Ergebnis höchster menschlicher Anstrengung, das alle gebührende Bewunderung verdient, erreichen sie jedoch das Urbild nicht einmal annähernd. Hinzu kommt, daß ihr Bestand nur von kurzer Dauer ist, wogegen der Paradiesgarten in Ewigkeit, an unbekanntem und unzugänglichem Ort, blüht.

Trotz dieser grundsätzlichen Unterschiede lassen sich der göttliche Paradiesgarten und die menschlichen Gartenparadiese dennoch miteinander vergleichen: In ihrem gegenseitigen Verhältnis, das dem eines Originals zur Nachbildung entspricht, verdienen beide das Attribut „himmlisch" – in der Bedeutung von überirdisch schön und herrlich, von überaus prächtig und wunderbar –, vor allem wegen ihrer Vollkommenheit, aber auch aufgrund ihrer Offenheit zum Transzendenten hin. Ohne den Segen des Himmels wären sie undenkbar; der Mensch ist in ihnen dem Göttlichen näher als anderswo und empfindet daher Liebe, Dankbarkeit und Verehrung für seinen Schöpfer. Neue Kräfte, Gesundheit, Mut und Lebensfreude wachsen ihm gleichsam zu.

Daher ist das Thema dieses Buches auch keineswegs weltfern, sondern im Gegenteil sogar modern und hochaktuell, denn auch die Sehnsüchte der Menschen von heute richten sich noch immer auf beides, den Paradiesgarten und das Gartenparadies, wenn auch in gewandelter und zuweilen profanierter Form.

Täglich wird das Wort „Paradies" gebraucht, sei es in Schlagern im Sinne eines „Liebesparadieses", sei es in der Werbung mit verlockenden Anzeigen und Bildern von „Urlaubsparadiesen", denn im besonderen besteht das Verlangen nach Erholung, exotischen Genüssen und sorglosem Nichtstun auf einem „Inselparadies" in Einsamkeit und Schönheit, mit Palmen, weißem Strand, blauem Meer und Sonnenschein, ungeahnten Abenteuern und Liebesfreuden.

Wie in früheren Zeiten den Märchenhelden treibt die Sehnsucht die Menschen in die Ferne – Reisen auf die andere Seite der Erde sind heute nichts Außergewöhnliches mehr –, auf der Suche nach dem Glück und einem Stück „heiler Welt". Andererseits ist das so erstrebte Glück überaus flüchtig; die „Eile der Zeit", die im jenseitigen Paradies erlebt werden kann, vermag auch der Urlauber nachzuvollziehen: Nie vergeht die Zeit so rasch wie in glücklichen Tagen und Stunden!

Die Pflege eines Gartens kann hierzu als gegensätzlicher Lebensentwurf verstanden werden, den besonders junge Menschen ablehnen, weil sie ihn als Einengung und sogar als Stagnation empfinden. (Langeweile und Neugier führten wohl auch mit zu Adams und Evas Sündenfall!) Doch die eher Bodenständigen und jene, die gerne zu Hause bleiben, können ein zwar bescheidenes, dafür aber dauerhaftes Glück in ihrem Garten finden, den sie als kleines Paradies schätzen, in dem sie Mensch sein dürfen, und der ihnen ein Stück Heimat bedeutet.

In fünf Kapiteln, die folgerichtig aufeinander bezogen sind und deshalb eine Einheit bilden – die Idee des Paradieses steht immer dahinter –, soll versucht werden, die Bedeutung der Gärten für die Menschen zu zeigen, denn mit ihnen sind Leben, Sehnsucht, Erlösung, Erinnerung und Hoffnung untrennbar verbunden.

Gärten bilden den festlichen Rahmen für glückliche Höhepunkte im menschlichen Dasein, aber sie sind auch Schauplätze dramatischer Ereignisse. Als geheimnisvolle Orte der Verwandlung stehen sie mit dem Schicksal des Menschen in Zusammenhang, mit Leben und Tod, mit Vergehen und Auferstehung.

Der Bogen der in diesem Buch versammelten unterschiedlichen Texte und Abbildungen spannt sich sehr weit. Er reicht von den Anfängen der Menschheitsgeschichte bis zur Endzeit und, im persönlichen Bereich, von Geburt, Kindheit, Jugend, Liebe und Tod bis zur ewigen Glückseligkeit.

Es sind vielfältige Impressionen, die ein sehr buntes, darin den Pflanzen, Blumen und Früchten der Gärten vergleichbares, Gesamtbild ergeben.

Gärten des Lebens

Als idealer Lebensraum für Pflanzen, Tiere und Menschen kennt das Paradies weder Krankheit noch Alter noch Tod. Es trägt göttliche Kraft in sich und birgt schützend sowohl den Baum des Lebens mit seinen heilenden und rettenden Früchten als auch den Quell frischen Wassers als Lebenselixier; nach allen vier Himmelsrichtungen sendet es überdies lebenspendende Ströme aus.

Paradieserzählungen von einem in der Urzeit entstandenen und bis zur Endzeit existierenden Wonnegarten Gottes sind im ganzen Orient verbreitet; sie beruhen einerseits auf dem Nomadenideal einer Oase in der Wüste und andererseits auf dem schon einer städtischen Kulturstufe zuzurechnenden Ideal eines wohlgepflegten und behüteten Parks.

Größte Bedeutung für die Paradiesvorstellungen von Juden, Christen und auch Moslems besitzt der sogenannte „Zweite Schöpfungsbericht“, wie er im Alten Testament mit Sündenfall und Vertreibung dokumentiert ist. Da hier das Schicksal der Menschen im Vordergrund steht, hat er viele Frage offengelassen und dadurch die Phantasie beflügelt, so daß Legenden beispielsweise über das Schicksal einzelner Pflanzen und Tiere oder das Eindringen des Versuchers entstanden.

Aber auch Einflüsse aus der Antike sind bis heute spürbar. Daher wurden Schilderungen von den Mythen der Gärten des Alkinoos und der Hesperiden in diesem Kapitel ebenfalls berücksichtigt.

Das Paradies als Gottesgarten

Das aus dem Altiranischen stammende Wort „Paradies“, das im ursprünglichen Sinn den umgrenzten Park als „Lustgarten“ der persischen Könige bezeichnete, wurde im Alten Testament in eine religiöse Sphäre erhoben und gilt seither als Inbegriff des „Gottesgartens“.

Die „Paradieserzählung“ der Bibel umfaßt den sogenannten „Zweiten Schöpfungsbericht“, den „Sündenfall“ und die „Austreibung“, also die Vertreibung Adams und Evas aus dem Garten Eden. Der Schöpfungsbericht beschreibt Jahwe als Gärtner. So heißt es, wenn auch relativ kurz:

Jahwe Gott pflanzte einen Garten in Eden, im Osten, und setzte dahinein den Menschen, den er gebildet hatte. Und Jahwe Gott ließ aus dem Erdboden allerlei Bäume hervorwachsen, lieblich anzusehen und gut zu essen, den Baum des Lebens mitten im Garten und den Baum der Erkenntnis des Guten und Bösen. Ein Strom ging von Eden aus, um den Garten zu bewässern, und von dort teilte er sich in vier Arme. (1 Mos 2,8–10)

Vermutlich stammt das Wort „eden“, mit dem der von Gott geschaffene Garten hier benannt wird, aus dem Babylonischen und bedeutet „Wüste“: Demnach ist der Garten in Eden als eine Oase in der Wüste zu begreifen.

Im Hebräischen heißt das Wort „eden“ außerdem auch „Wonne“, so daß sich aufgrund dieser beiden Bedeutungen nach und nach die Vorstellung eines „Wonnegartens“ herausbilden konnte, mit der das Paradies bis heute verbunden wird: ein aus dem Chaos ausgegrenzter und geheiligter Schutzbezirk voller Stille und Geborgenheit – ein Ort überirdischer Freuden, wo alle Geschöpfe friedvoll zusammenleben und, in unvorstellbarer Schönheit und Harmonie, eine unendliche Vielfalt blüht, wächst und gedeiht.

Nur Gott allein konnte dieses Wunderwerk in seiner höchsten Vollkommenheit planen und vollenden, an dem auch er selbst seine Freude hat, indem er gern in seinem Garten wohnt und lustwandelt, wie es in 1 Mos 3,8 beschrieben wird. Vor allem aber hat er dem Menschen dieses gelungenste Werk seiner Schöpfung anvertraut:

Jahwe Gott nahm den Menschen und setzte ihn in den Garten Eden, damit er ihn bebaue und bewache. (1 Mos 2,15)

Diese gesegnete Lebensaufgabe des Menschen, den Garten Gottes zu pflegen, seine Früchte zu genießen und sich seiner Schönheit zu erfreuen, hätte bis in alle Ewigkeit währen können, denn Mangel, Gefahr, Sünde und Tod waren aus dem Paradies verbannt. Gott gab dem Menschen, dem er sich gnädig zugewandt hatte, nur ein Gebot als unabdingbare Forderung:

Und Jahwe Gott gab dem Menschen dieses Gebot: „Von allen Bäumen des Gartens darfst du essen. Von dem Baum der Erkenntnis des Guten und Bösen aber darfst du nicht essen. Denn am Tage, da du davon issest, mußt du sicher sterben." (1 Mos 2,16–17)

Zwar erscheint diese erste Prüfung kindlich einfach, aber sie entscheidet über das weitere Schicksal der Menschen, denn das Gebot Gottes zu übertreten, das macht die Androhung der Konsequenzen deutlich, ist kein entschuldbares, harmloses Vergehen. Und dennoch scheitern Adam und Eva, verführt durch die List der Schlange, im „Sündenfall“ kläglich an dieser Probe ihres Gehorsams:

Darauf sprach die Schlange zu dem Weibe: „Keineswegs, ihr werdet nicht sterben. Vielmehr weiß Gott, daß an dem Tage, da ihr davon esset, euch die Augen aufgehen und ihr sein werdet wie Götter, die Gutes und Böses erkennen.“ (1 Mos 3,4–5)

Neugier und der Reiz des Verbotenen steigern nun das Verlangen und verlocken unwiderstehlich zum Ungehorsam gegenüber Gott, wobei Eva der Versuchung als erste unterliegt. Nachdem sie gegessen haben, gehen ihnen die Augen auf, und sie verbergen sich vor Gott, der Adam ruft. Gott weiß nun, daß die beiden von der verbotenen Frucht gekostet haben, und zieht alle Beteiligten zur Rechenschaft: Die Schlange wird verflucht, ebenso der Acker. Adam und Eva verheißt er Kummer und Mühen bei der Arbeit, der Frau überdies große Schmerzen bei der Geburt und beiden den Tod am Ende ihres Lebens, der nur aus Gnade nicht sofort vollstreckt wird. Doch die Vertreibung aus dem Paradies ist unumgänglich geworden:

Dann sprach Jahwe Gott: „Siehe, der Mensch ist geworden wie einer von uns, so daß er Gutes und Böses erkennt. Daß er nun aber nicht seine Hand ausstrecke und auch von dem Baum des Lebens nehme und esse und ewig lebe!“ Darum entfernte ihn Jahwe Gott aus dem Garten Eden, damit er den Erdboden bebaue, von dem er genommen ist. Und als er den Menschen vertrieben hatte, stellte er östlich von dem Garten Eden die Kerube auf und das

zuckende Flammenschwert, damit sie den Weg zum Baum des Lebens bewachen. (1 Mos 3,22–24)

Durch die Auflehnung gegen das Gebot Gottes haben sich die Menschen selbst in das darum auch verdiente Unglück gestürzt. Nicht, um ihnen im Baum des Lebens etwas Entscheidendes vorauszuhaben, verwehrt ihnen Gott den weiteren Zugang, sondern aus Barmherzigkeit, um ihr Elend und ihre Mühsal nicht ewig, sondern nur bis zu ihrem Tod andauern zu lassen.

Der Baum des Lebens und seine Früchte, die Jugend, Gesundheit und Lebensfrische verleihen können und daher streng bewacht werden, spielen auch in vielen Mythen und Märchen als Ziel aller Wünsche eine wichtige Rolle.

Der Baum der Erkenntnis

Sprachlich ist der biblische Schöpfungsbericht aus dem 8. Jahrhundert v. Chr. karg und nüchtern, um ihn als Wort Gottes von den mythologischen Vorstellungen seiner Zeit abzuheben.

Viele Fragen blieben jedoch offen, so daß in den darauffolgenden Jahrhunderten ergänzend zum Bibeltext Legenden und Erzählungen entstanden, die Antworten zu geben suchten. So wurde beispielsweise darüber nachgedacht, von welcher Art der Baum der Erkenntnis und die verbotene Frucht sein könnten. Verschiedene Möglichkeiten wurden zur Beantwortung dieser Frage in Betracht gezogen: Man dachte an einen Granatapfel-, einen Feigen- oder einen Apfelbaum, die als Symbole der Fruchtbarkeit bekannt waren, aber auch an einen Weizenbaum, wie die folgende arabische Legende zeigt:

Vor Adams Sünde wuchs der Weizen auf dem schönsten Baume des Paradieses. Der Stamm sah wie Gold aus, die Zweige wie Silber, die Blätter wie Smaragd. Jedem Zweige entsprossen sieben Ähren wie Rubin, und jede Ähre enthielt fünf Körner, weiß wie Schnee, süß wie Honig, wohlduftend wie Moschus und so groß wie ein Straußenei.

Der Genuß dieser Körner war Adam und Eva untersagt, Eva aber brach eine Ähre, aß ein Korn und gab Adam eins, und beide wurden aus dem Paradiese vertrieben und mußten sich kümmerlich auf Erden ernähren.

Eines Tages brachte ihnen der Engel Gabriel auf Gottes Befehl die drei noch übrigen Körner, welche Eva mit jener Ähre gepflückt hatte, und lehrte sie das Säen und Ernten, das Mahlen und Backen.

Adam vergoß viele Tränen über die Mühseligkeit des Pflügens, aber die späteren Menschen wurden wegen ihrer Sünden zu noch schwererer Arbeit verurteilt. Schon unter Idris [dem Henoch der Bibel] war das Korn nur noch so groß wie ein Gansei, unter Ilias ward es wie ein Hühnerei, unter Christus, als die Juden ihn töten wollten, wie ein Taubenei, und endlich unter Uzeir [Esdra] erhielt es die Gestalt, die es jetzt noch hat.

Die Legende läßt auch einen Blick ins Paradies zu. Wie orientalische Kostbarkeiten glänzen der Weizenbaum und seine Früchte auf, als sie beschrieben werden, und sie erscheinen wie ein Lichtstrahl, während alles andere im Dunkel der Ungewißheit verbleibt.

DER ADAMSAPFEL

Eine Sage aus Pommern weiß davon zu berichten, wie der Teufel ins Paradies gelangte, Eva in Versuchung führte und Adam der verbotene Apfel im Hals steckenblieb:

Lange vor Erschaffung der Menschen hatte sich der Teufel gegen unsern Herrgott empört, denn er war so hoffärtig, daß er selbst die Welt beherrschen wollte. Gott, der Herr, aber hatte ihn zur Strafe für seinen Übermut tief in das Innere der Erde gebannt. Da geschah's, daß der Teufel eines Tages eine Baumwurzel erblickte, die die Erddecke durchbrochen hatte und zu ihm hinabreichte. Sogleich verwandelte er sich in eine Schlange und kletterte an der Wurzel entlang immer höher und höher, bis er endlich zur Oberfläche der Erde und zu dem Stamm gelangte, dem die Wurzel angehörte. Das war aber kein anderer als der Baum der Erkenntnis des Guten und Bösen, der mitten im Paradiese stand. Um den wand sich die Schlange herum.

Nicht weit von ihm ab lagen im Grase Adam und Eva, das erste Menschenpaar. Sobald das Weib die Schlange erblickte in der schillernden Haut und mit den funkelnden, blitzenden Augen und der langen Zunge, ward sie neugierig und fragte ihren Mann, welch seltsames Tier das wäre. Als der Teufel merkte, wie neugierig das Weib sei, beschloß er, seine List an ihr zu versuchen. Nachdem der Mann weggegangen war, tat er den Mund auf und sprach mit lockender Stimme: „Willst du nicht von den Äpfeln dieses Baumes essen?“

Das Weib wollte nicht, denn der Herrgott hatte es verboten. Der Teufel aber wußte so schöne Worte zu machen und pries den Ge-

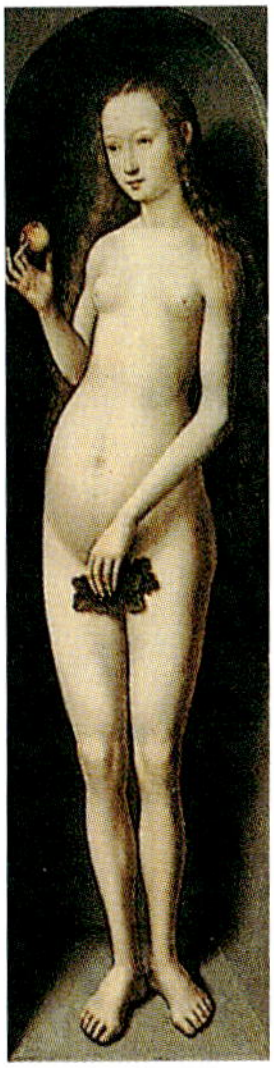

schmack und die Süße der Äpfel so sehr, daß das Weib des Verbotes vergaß und einen Apfel ergriff, ihn losbrach und aß. Da fiel es ihr schwer auf die Seele, daß sie sich versündigt habe, und damit sie nicht allein verstoßen würde, rief sie ihren Mann herbei und bat ihn, auch von den Früchten zu kosten. Adam wurde jedoch sehr zornig und verwies der Eva den Ungehorsam gegen des Herrgotts Gebot. Das bekümmerte sie nur um so mehr, und weil sie durchaus nicht alleine aus dem Paradiese vertrieben werden wollte, nahm sie einen Apfel von dem Baume der Erkenntnis und steckte ihn ihrem Manne mit Gewalt in den Mund, daß er ihn herabschlucken mußte. Aber auf halbem Wege blieb er stecken. Und noch heute tragen alle Menschenkinder den Adamsapfel an der Gurgel und werden ihn tragen, solange es Menschen auf Erden gibt.

Der Pfau als Paradiesvogel und die Königin der Tiere

Seit jeher erregt der Pfau wegen seiner Schönheit, vor allem wegen seiner kostbaren, prachtvollen Federn, viel Bewunderung. Zweifelsohne zählte er auch im Paradies zu den edelsten Geschöpfen. So wurde er zum Symbol der Unsterblichkeit, weil sein Schweif an den gestirnten Himmel erinnert, und später auch zum Sinnbild für die Auferstehung, da er seine Federn abwerfen und immer wieder aufs neue hervorbringen kann.

Allerdings fiel auch auf, daß seine häßliche Stimme nicht so recht zu diesem prächtigen Tier passen wollte – eine Erklärung mußte gefunden werden.

In einer altarabischen Legende wird der Pfau zum Verbündeten des Teufels:

Der Pfau hatte einst eine so liebreiche und klangreiche Stimme, daß er berufen war, jeden Tag Gottes Lob in den Hauptstraßen des Himmels zu verkünden. Iblis aber, der einzige unter den Engeln, der auf Adams Vollkommenheit neidisch war und Gottes Befehl, sich vor ihm zu neigen, nicht befolgt hatte, war aus dem Paradies verbannt worden und suchte nun durch List, Adam und Eva zu verderben. [Der Name „Iblis“ für den Teufel stammt von „diabolus“.]

Lange trieb er sich vor dem von einem Engel bewachten Paradies umher. Eines Tages trat ein Pfau vor die Pforte. „Dieser schöne Vogel“, dachte Iblis, als er ihn erblickte, „ist gewiß auch recht eitel, vielleicht gelingt es mir, ihn durch Schmeichelei zu überreden, daß er mich unbemerkt ins Paradies bringe.“

Danach machte er sich an ihn heran und bat, daß der Vogel ihn unter seinen Flügeln verbergen und in das Paradies tragen möge. Er verhieß ihm dafür, ihn drei geheimnisvolle Worte zu lehren, die ihn vor Krankheit, Alter und Tod bewahren würden. Da aber der Pfau fürchtete, der Torwächter möchte ihn bei seinem Wiedereintritt ins Paradies streng untersuchen, weigerte er sich, Iblis mitzunehmen, versprach ihm aber, ihm die kluge Schlange herauszuschicken, welche eher Mittel finden würde, ihn auf irgendeine Weise ins Paradies einzuführen.

Die Schlange war nämlich ursprünglich die Königin der Tiere. Sie hatte einen Kopf wie Rubin und Augen wie Smaragd. Ihre Ge-

stalt war der eines Kamels ähnlich, die schönsten Farben spiegelten sich auf ihrer Haut, und ihre Haare waren zart wie die einer edlen Jungfrau. Ihre Nähe duftete Moschus und Ambra, ihre Nahrung war Safran, Lobgesang waren ihre Töne. „Dieses schöne und vernünftige Tier“, dachte der Pfau, „wird noch mehr als ich im Besitze ewiger Jugend und Gesundheit bleiben wollen und wegen der drei geheimnisvollen Worte etwas hinter dem Rücken des Torengels zu unternehmen wagen.“

Er hatte sich nicht geirrt. Die Schlange lief sogleich zum Paradies hinaus, ließ sich von Iblis nochmals wiederholen, was ihr der Pfau berichtet, und fragte: „Wie soll ich dich unbemerkt ins Paradies bringen?“

„Ich werde mich so klein zusammenziehen, daß ich in der Lücke zwischen deinen Vorderzähnen Platz finde.“

Die Schlange öffnete hierauf ihren Mund, Iblis flog hinein und setzte sich zwischen ihren Zähnen fest und vergiftete sie für alle Ewigkeit.

Im Paradies gelingt es Iblis, Eva zum Essen der verbotenen Frucht zu verlocken, indem er die Stimme der Schlange nachahmt. Es folgen Sündenfall und Vertreibung der Beteiligten:

„Verlasset das Paradies“, sagte Gott, „samt den Tieren, die euch zur Sünde verleiteten. Der Pfau werde seiner schönen Stimme und die Schlange ihrer Füße beraubt, finstere Löcher seien ihre Wohnung, Staub ihre Nahrung, und sie zu töten sei ein Werk, das siebenfachen Lohn verdient; Iblis aber sei zur ewigen Höllenstrafe verdammt.“

Nachdem sie verstoßen worden sind, fällt die Schlange in die Wüste Sahara und der Pfau nach Persien.

Eine andere Legende aus Arabien vergleicht die Schlange sogar mit dem Menschen; sie sei ein schönes Tier mit Füßen, Händen und Flügeln gewesen, nach dem Menschen das schönste.

Auch in der abendländischen Kunst erscheint die Schlange in den bildlichen Darstellungen des Sündenfalls auffallenderweise öfters mit einer Krone, so bei Albrecht Dürer (1471–1528), mit menschlichem Kopf in Frauengestalt, beispielsweise bei Michelangelo Buonarroti (1475–1564), und eben auch mit Händen und Füßen, wie in einem frühen Werk des niederländischen Malers Hugo van der Goes (um 1440–1482).

Der Garten des Alkinoos

In der griechischen Antike waren aufgrund der Schilderungen in Mythen und Dichtungen mehrere paradiesische Orte bekannt. Hierzu zählte auch der Garten des Königs Alkinoos, des Herrschers der Phaiaken, den Homer im 7. Gesang seiner „Odyssee", die vermutlich um 700 v. Chr. entstanden ist, in den Versen 112–132 schildert:

Außer dem Hof liegt nahe dem Tor ein geräumiger Garten / An vier Morgen groß, umhegt die Länge und Breite. / Große Bäume stehen darin in üppiger Blüte, / Apfelbäume, Granaten und Birnen mit herrlichen Früchten / Und auch süße Feigen und frische, grüne Oliven. / Unverdorben bleiben die Früchte und finden kein Ende, / Weder Winter noch Sommer das ganze Jahr, und ein weicher /

West läßt stets die einen blühen, die anderen reifen. / Birne reift auf Birne, es folgt der Apfel dem Apfel, / Auch die Traube der Traube, es folgt die Feige der Feige. / Und dort sproßt dem König auch üppiges Rebengelände; / Ein Teil ist ein Platz zum Trocknen auf ebener Fläche, / Sonnengedörrt, es werden auf anderen Trauben geerntet. / Andere werden gekeltert, vorn sind die Trauben noch unreif, / Stoßen die Blüten ab, und andre färben sich leise. / Dort sind schön geordnet auch Beete am Rande des Weinbergs, / Mannigfach bepflanzt, und prangen dauernd das Jahr lang. / Drin sind auch zwei Quellen, die eine berieselt den ganzen / Garten, die andre indes fließt drüben unter des Hofes / Schwelle zum hohen Palast, dort pflegen die Bürger zu schöpfen. / Solche herrliche Gaben verliehen die Götter dem König.

Der Garten der Hesperiden

Im Zusammenhang mit den zwölf Arbeiten, die Herakles zu verrichten hat, wird in der griechischen Mythologie vom Garten der Hesperiden, den Töchtern des Titanen Atlas und von Nyx, der Göttin der Nacht, berichtet. Sie heißen Aigle, Arethusa, Erytheia und Hesperia und sind ursprünglich keineswegs freundliche Jungfrauen, sondern den Harpyien und Sirenen vergleichbare, gefährliche Vögel. Die vier Schwestern wohnen im Garten der Götter, einem paradiesischen Ort, den man in der Antike im Gebiet des Atlasgebirges vermutete, und hüten dort den wunderbaren Baum mit den goldenen Äpfeln, den Gaia, die Göttin der Erde, zur Hochzeit von Zeus und Hera aus ihrem Schoß erwachsen ließ. Das Götterpaar erhielt die Äpfel von Gaia als Hochzeitsgeschenk; sie sind von unschätzbarem Wert, weil sie den Göttern ewige Jugend verleihen. (Ein Vergleich mit dem Baum des Lebens im Paradies bietet sich an.)

Da aber Hera an der Zuverlässigkeit der Hesperiden zweifelt, setzt sie den hundertköpfigen Drachen Ladon, der niemals schläft, als zusätzlichen Wächter des Gartens ein. In der Schilderung von Hesiodos bewacht der Drache die goldenen Äpfel als Schatzhüter tief unter der Erde.

Als Herakles, der Sohn von Zeus und Alkmene, von Eurystheus den schwierigen Auftrag erhält, ihm drei dieser Äpfel zu beschaffen, muß er erst einmal in Erfahrung bringen, wo sich der Garten der Hesperiden überhaupt befindet, dessen Lage niemand kennt außer Nereus, dem ältesten Sohn von Gaia, der als Meergott in der Ägäis wohnt. Von den Nymphen erfährt Herakles, wo sich Nereus gerade aufhält, fesselt ihn im Schlaf und gibt ihn erst wieder frei, als er von ihm erfährt, wo der Garten zu finden ist. Als Herakles dorthin gelangt, tötet er den Drachen und kann ungehindert die drei Äpfel pflücken.

Allerdings ist auch eine zweite Version überliefert, nach der Herakles den an den Kaukasus geschmiedeten Titanen Prometheus befreit und von diesem erfährt, wo der Garten der Hesperiden zu finden ist. Er bittet Atlas, den Vater der Hespiriden und Träger des Himmelsgewölbes, die Äpfel für ihn zu holen, und übernimmt die Aufgabe, das Gewölbe solange für ihn zu stützen. Bei der Übergabe der Äpfel jedoch versucht Atlas vergeblich, Herakles zu überlisten. Nachdem dieser die Äpfel auf den Altar der Athene gelegt hat, bringt die Göttin sie wieder zurück in den Garten, weil sie nur dort aufbewahrt werden dürfen.

Gärten der Sehnsucht

An einem offenen Paradiesgärtchen
geht der Mensch gleichgültig vorbei
und wird erst traurig, wenn er verschlossen ist.

Gottfried Keller (1819–1890),
„Das Sinngedicht", 1882

In der Sehnsucht nach dem verlorengegangenen Paradies wachsen der Phantasie Flügel, und ungeahnte Kräfte werden geweckt.

Einem Stück vom Paradies entsprechen auch die Pflanzen, die Adam und Eva bei ihrer Vertreibung erbeten oder heimlich mitgenommen und voller Vertrauen angepflanzt haben. Der Duft und die Schönheit dieser Blumen und die hilfreichen Heilkräuter nähren zwar immer wieder aufs neue sehnsüchtige Gefühle, vermögen aber auch den Trennungsschmerz zu lindern.

Die Gärten der Liebe im Hohenlied werden in Sehnsucht nach dem entfernten Geliebten durcheilt und sind gleichzeitig das Sinnbild der geliebten Frau und der Liebe selbst; sie sind das wahre Liebesparadies.

Auch der Märchenheld folgt unbeirrbar seiner Sehnsucht nach dem verlorenen Paradies und erreicht sein Ziel voller Mut und Selbstvertrauen. Trotz einer Reise bis ans Ende der Welt, trotz Gefahren und grimmiger Wächter gewinnt er die begehrten Früchte vom Baum des Lebens und das heilende Lebenswasser und kehrt unbeschadet aus der Jenseitswelt zurück.

Blumen aus dem Paradies

In den heiligen Schriften wird nicht überliefert, welche Blumen im Garten Gottes zu dessen Lob erblühten, und daher waren der Phantasie auch keine Grenzen gesetzt.

Rose, Lilie und Myrte, deren Herkunft im Dunkel lag, erschienen so überirdisch, vollkommen und schön, daß sie fraglos aus dem Paradies stammen mußten. Legenden beschäftigten sich mit dem Rätsel ihrer Herkunft: Bei ihrer Vertreibung nach dem Sündenfall und ihrem schmerzlichen Abschied aus dem Garten Gottes erbat sich Eva die Rose zum Andenken, nahm aber heimlich auch die Heilkräuter mit. Adam dagegen wählte wegen ihres Duftes die Myrte, wie folgende Legende erzählt:

Es war nach dem Fall der Menschen. Gott, der Herr, hatte sein Urteil gesprochen, und zwei Engel geleiteten Adam und Eva mit flammendem Schwert zur Pforte des Paradieses. Da erkannten die Menschen erst, daß sie die Heimat bei Gott, dem Herrn, verlassen mußten, und bittere Reue zog durch ihr Herz. Aber sie konnten ihre Sünde nicht ungeschehen machen, und unerbittlich ging ihr Weg aus dem himmlischen Garten hinaus in die unwirtliche Welt. Langsam und immer zögernder wurden ihre Schritte, je mehr sie sich der Pforte näherten, und von jedem Baum und von jeder Blüte nahmen sie schmerzlichen Abschied. Nicht weit von der Pforte des himmlischen Gartens stand ein Strauch, der blühte über und über und verströmte süßen Duft. Adam streckte die Hand nach einem Zweig aus, und da ihm der Engel Gewährung nickte, brach er ihn ab und nahm ihn mit zum Angedenken. Er pflanzte ihn bei seiner Hütte ins Erdreich, und Gott gab Gnade, daß der Zweig wuchs und Blüten trug, Jahr für Jahr. Das ist die Myrte. Sie gilt noch heute als ein Sinnbild der Reinheit und Schöne und ist uns zu einer Erinnerung geworden an das Paradies.

Auch die weiße Lilie, sowohl Symbol der Reinheit, Sündlosigkeit und Unschuld wie auch der Gnade Gottes, wurde aus dem himmlischen Garten auf die Erde verpflanzt, als die Engel, die Adam und Eva begleiten und schützen sollten, Gott in ihrer Sehnsucht darum baten:

Als Gott, der Herr, die ersten Menschen aus dem himmlischen Garten verstoßen mußte, wollte er sie doch nicht schutzlos ziehen lassen. Darum rief er zwei Engel herbei und bestellte sie zu Wächtern der Menschen. Die himmlischen Boten fügten sich allsogleich in Gottes Willen; doch dünkte sie der Abschied vom Himmel gar schwer.

Da sprachen sie zu Gott, dem Herrn: „Deines heiligen Willens sind wir stets gewärtig; doch gewähre uns die Gnade und laß eine Blume aus deinem Heiligtum auch drunten auf der Erde blühen, auf daß wir den Himmel nicht ganz entbehren."

Unser Herr erfüllte die Bitte der Engel und gab ihnen die Lilie mit, die trugen sie behutsam hinab und pflanzten sie ins Erdreich. Sie warteten der Blume vom Morgen bis zum Abend und trugen ihr den Tau des Himmels und das klare Wasser der Quelle zu, daß sie wuchs und Blüten trug.

So ist die Lilie auf die Erde gekommen. Sie gilt noch heute als ein Sinnbild engelgleicher Reinheit und darf vor andern Blumen die Altäre schmücken.

DIE HERKUNFT DER HEILKRÄUTER

Für Mensch und Tier gab es im Paradies, dem Garten Gottes, weder Krankheit noch Tod: Heilpflanzen und lebenspendende Früchte erhielten die Kraft und Gesundheit aller. Eva wußte darum und schmuggelte bei der Vertreibung heimlich die Samen der Heilkräuter aus dem Paradies heraus:

Als unsere Stammeltern aus dem Paradies vertrieben wurden, nahm Eva heimlich Samen und Wurzeln vieler Kräuter mit. Sie pflanzte diese im Tal der Tränen an und unterwies ihre Kinder im Gebrauch dieser Kräuter. Diese gaben das Geheimnis der Pflanzenkräfte später wieder weiter, aber mit der Zeit gingen viele Kenntnisse verloren.

Maria aber, die Unbefleckte, die Sündenlose, besaß jene ungetrübten Augen, wie sie Eva vor dem Sündenfall eigen waren; und so erkannte sie die Heilkraft aller Kräuter, denen sie auf ihren Wanderungen begegnete. Nie hatte sie daher unter Krankheiten zu leiden, und auch ihr göttliches Kind blieb allezeit davon verschont, bis es die Menschen ans Kreuz schlugen.

Als am dritten Tage nach dem Begräbnis Mariens die Apostel ihr Grab besuchten, schlug ihnen eine Woge köstlichen Wohlgeruchs entgegen. Das Grab war verlassen, dafür aber angefüllt mit Rosen und Lilien, rings aber um die Grabstätte sproßten und blühten all die bescheidenen Heilkräuter, die die Gottesmutter in ihrem Leben geliebt hatte.

Seitdem werden am Tage des Heimgangs der Gottesmutter (15. August) in der Kirche die Kräuter geweiht.

Die Gärten im Hohenlied

Im Hohenlied Salomos, dem Lobpreis der Freuden irdischer Liebe, dessen offenkundige Erotik später im christlichen Sinn umgedeutet und auf Maria und die Kirche als Braut Christi bezogen wurde, werden alle Elemente des Gartens genannt, die die ursprünglich sinnlich-erotische Sinngebung erforderte. Der Garten symbolisiert die Geliebte, eine schöne Ägypterin, und die Liebe selbst.

Zum ersten Mal findet sich hier auch das Motiv des „hortus conclusus", des verschlossenen Gartens, das die jungfräuliche Geliebte rühmt (Hld 4, 12–16):

Meine Schwester, liebe Braut,
du bist ein verschlossener Garten,
eine verschlossene Quelle,
ein versiegelter Born.
Deine Gewächse sind
wie ein Lustgarten von Granatäpfeln,
mit edlen Früchten,
Zyperblumen mit Narden,
Narde und Safran, Kalmus und Zimt,
mit allerlei Bäumen des Weihrauchs,
Myrrhen und Aloe mit den besten Würzen.
Ein Gartenbrunnen bist du,
ein Born lebendiger Wasser,
die vom Libanon fließen.
Stehe auf, Nordwind, und komm, Südwind,
und wehe durch meinen Garten,
daß seine Würzen triefen!

Es folgt die Beschreibung zweier weiterer Gärten, in denen die verlassene Braut klagend nach ihrem Geliebten sucht. Ein Vergleich mit der „Suchwanderung“, einem beliebten Motiv im Märchen, die die verlassene Braut unter großen Schmerzen und Entbehrungen auf sich nehmen muß, bietet sich hierbei an. Nach einer Prüfungszeit finden die wahrhaft Liebenden wieder zusammen, um dann ein immerwährendes Liebesparadies geschenkt zu bekommen, in dem sich ihre Sehnsucht erfüllt.

Der Garten der Liebe

Mit seinem „Rosenroman“, den er um 1230 verfaßte, jedoch unvollendet hinterließ, schuf Guillaume de Lorris das bedeutendste Werk der französischen Literatur des 13. Jahrhunderts. Erst vierzig Jahre später führte es der Kleriker Jean de Meun zu Ende. Der „Rosenroman“ erfreute sich großer Beliebtheit und erfuhr bis zum 16. Jahrhundert in vielen Auflagen eine weite Verbreitung.

Guillaume erzählt in seinem allegorischen Versroman von einem Traum, der ihn als jungen Mann in einen vor der Stadt gelegenen „paradiesischen“ Garten führt, der von einer hohen Mauer umschlossen ist, die mit Personifikationen der negativen Eigenschaften wie Bosheit, Haß, Geiz, Neid, Armut und Alter bemalt ist.

Besitzer des Gartens ist „Vergnügen“, dessen Freundin „Müßigkeit“ dem Ankömmling eine kleine Tür öffnet, um ihn hereinzulassen. Im Garten, der sich als Ort „himmlischer“ Schönheit herausstellt und von herrlichem Vogelgesang erfüllt ist, stößt der junge Besucher auf personifizierte positive Eigenschaften wie Fröhlichkeit, Höflichkeit, Reichtum, Freigiebigkeit, Edelmut und

Jugend. Bedeutsam erscheint in dieser Gesellschaft, die sich mit Musik, Gesang und Tanz vergnügt, um sich danach im Schatten der Bäume der Liebe und dem Sinnengenuß hinzugeben, vor allem die Anwesenheit von „Amor".

Eingehend schildert Guillaume den prächtigen Garten, in dem man sich sofort wohl und glücklich fühlt:

Der Garten hatte durch regelmäßige Abgrenzung / genau die Form eines Vierecks / und war so lang wie breit. / Es gibt keinen Baum, der Früchte trägt, / es sei denn irgendein häßlicher Baum, / von dem es nicht einen oder zwei / und vielleicht auch mehr in dem Garten gegeben hätte. / Apfelbäume gab es dort, ich erinnere mich wohl, / die Granatäpfel trugen: / für Kranke eine gute Speise. / Es gab eine Menge von Nußbäumen, / die im Herbst solche Früchte trugen, / wie es Muskatnüsse sind, / die weder bitter noch geschmacklos sind. / Mandelbäume gab es in Fülle; / und viele stolze und schöne Dattelbäume / waren in den Garten gepflanzt; / wer sie brauchte, fand in dem Garten / auch viele gute Gewürzkräuter: / Gewürznelken und Lakritze, / frische Paradieskörner, / Safran, Anis, Zimt / und viele andere angenehme Gewürze, / die man gern nach der Mahlzeit ißt. / In dem Garten gab es auch einheimische Bäume, / die Quitten und Pfirsiche trugen, / Kastanien, Nüsse, Äpfel und Birnen, / Mispeln, weiße und schwarze Pflaumen, / frische rote Kirschen, / Vogelbeeren, Maulbeeren und Haselnüsse. / Auch von großen Lorbeerbäumen und hohen Kiefern / war der Garten erfüllt, / von Olivenbäumen und Zypressen, / die es hierzulande nicht gibt. / Vielästige breite Ulmen waren dort / und daneben Weißbuchen und Rotbuchen, / schlanke Haselsträucher, Espen und Eschen, / Ahorn, hohe Tan-

nen und Eichen. / Warum sollte ich mich aber damit noch länger aufhalten? / Es gab dort nämlich so viele verschiedene Bäume, / daß ich große Mühe hätte, / sie alle aufzuzählen. / Doch wisset, die Bäume waren voneinander / so weit entfernt, wie sie sein mußten: / Der eine war vom andern / mehr als fünf oder sechs Klafter entfernt. / Aber die Äste waren lang und hoch / und waren oben, um den Ort vor Hitze zu schützen, / so dicht, daß die Sonne / zu keiner Stunde / zum Boden gelangen / und dem zarten Gras schaden konnte. / Im Garten gab es Hirsche und Rehe; / und es gab eine große Menge von Eichhörnchen, / die auf den Bäumen herumkletterten. / Kaninchen gab es, die den ganzen Tag / ihre Höhlen verließen / und in mehr als dreißig verschiedenen Weisen / auf dem frischen grünen Rasen / sich umeinander herumdrehten. / Manchenorts gab es klare Quellen, / ohne Mücken und Frösche, / denen die Bäume Schatten spendeten, / doch wüßte ich ihre Zahl nicht zu nennen. / In kleinen Bächlein, deren Kanäle / „Vergnügen" hatte anlegen lassen, / floß das Wasser zu Tal und verursachte / ein liebliches und angenehmes Geräusch. / An den Bächen und am Rande / der klaren und frischen Quellen / sproß das Gras niedrig und dicht: / Da konnte man seine Geliebte / hinlegen wie auf ein Federbett, / denn der Boden war weich und frisch / dank der Quellen, und es wuchs dort / so viel Gras, wie man wünschte. / Aber das Ganze war noch viel schöner, / weil der Ort so beschaffen war, / daß es dort eine Menge Blumen gab / jeden Tag im Sommer wie im Winter. / Wunderschöne Veilchen gab es / und junges frisches Immergrün, / weiße und rote Blumen / und wunderbare gelbe waren dort: / Überaus schön war die Erde, / denn sie war geziert und geschmückt / mit Blumen aller Farben, / deren Duft sehr angenehm war [...]

In der Spiegelung einer Quelle erblickt der Besucher des Gartens ein entlegenes Rosengebüsch, zu dem er sich in dem Verlangen wendet, sich eine, noch nicht voll erblühte, rote Rose, das Sinnbild der ersehnten Geliebten, zu erwählen. „Amor“ schießt ihm daraufhin fünf Pfeile ins Herz, worauf „Argwohn“ beginnt, eine Festung um das Gebüsch zu errichten, um die Rosen gegen die Annäherung zu schützen.

In seiner Fortsetzung beschreibt Jean de Meun die Belagerung und den Sturm auf die Festung. Dabei gelingt es dem Liebenden, das Bollwerk zu durchbrechen und die begehrte, inzwischen blühende Rose zu pflücken. Hier endet der Traum.

Guillaumes botanischen Kenntnisse der heimischen und fremden Gewächse des Gartens sind erstaunlich. Ebenso überraschend ist die Schilderung eines ausgedehnten Vergnügungsgartens bereits zu Beginn des 13. Jahrhunderts.

Im „Rosenroman“ werden auch verschiedene Symbolfunktionen des Gartens im Mittelalter deutlich: Der im Traum als real empfundene und durchstreifte Garten versteht sich zunächst als Sinnbild des Paradieses – grünende Bäume und Kräuter, immerblühende Blumen von betörendem Duft und verlockende Früchte, singende Vögel und zahmes Wild, frisches Wasser und unbeschwert fröhliche Menschen sind die dafür charakteristischen Merkmale.

Aber der Garten erscheint auch als Symbol der Frau, die behütet heranreift und erobert werden muß. Er ist damit gleichzeitig auch Sinnbild für Erotik, Lust und sinnliche Liebe.

Der Garten des Paradieses

Im Märchen besitzt der Held genügend Zuversicht, das Paradies zu finden und seine Aufgabe zu erfüllen, so daß er sich unverzagt auf eine ungewisse und gefährliche Reise begibt. Auf seinem Weg gewinnt er Freunde, die ihm helfen.

In der Erzählung „Der Garten des Paradieses" des dänischen Dichters Hans Christian Andersen (1805–1875) ist der Held fest davon überzeugt, daß er viel erfolgreicher als Adam und Eva jeder Versuchung widerstehen wird:

Es war einmal ein Königssohn; niemand hatte so viele und schöne Bücher wie er. Alles, was in dieser Welt geschehen, konnte er darin lesen und die Abbildungen in prächtigen Kupferstichen betrachten. Über jedes Volk und jedes Land konnte er Auskunft erhalten; aber wo der Garten des Paradieses zu finden sei, davon stand kein Wort darin; und der, gerade der war es, an welchen er am meisten dachte [...]

„Oh, weshalb pflückte doch Eva vom Baum der Erkenntnis? Weshalb speiste Adam von der verbotenen Frucht? Das sollte ich gewesen sein, so wäre es nicht geschehen! Nie wäre die Sünde in die Welt gekommen!"

Das sagte er damals, und das sagte er noch, als er siebzehn Jahre alt war. Der Garten des Paradieses erfüllte alle seine Sinne.

Nachdem er auf einem Waldspaziergang von einem Unwetter überrascht wird, flüchtet sich der Prinz in eine erleuchtete Höhle, wo er auf die Mutter der Winde und einen ihrer Söhne, den Ostwind, trifft, der am nächsten Morgen zum Paradies fliegen will. Er lädt den Prinzen ein, mit ihm zu kommen.

Am nächsten Morgen beginnt die Reise. Mit dem Prinzen auf dem Rücken, fliegt der Ostwind über Länder und Meere, bis sie am Abend ihr Ziel erreichen. Durch eine eisig kalte, unheimliche, aber dennoch faszinierende Höhle erreichen sie das Paradies:

Nun waren sie in herrlich milder Luft, so frisch wie auf den Bergen, so duftend wie bei den Rosen des Tales. Da strömte ein Fluß so klar wie die Luft selbst; und die Fische waren wie Silber und Gold; purpurrote Aale, die bei jeder Bewegung blaue Feuerfunken sprühten, spielten unten im Wasser; und die breiten Nixenblumenblätter hatten des Regenbogens Farben; die Blume selbst war eine rotgelb brennende Flamme, der das Wasser Nahrung gab, gleichwie das Öl die Lampe beständig im Brennen erhält; eine feste Brücke von Marmor, aber so künstlich und fein ausgeschnitten, als sei sie von Spitzen und Glasperlen gemacht, führte über das Wasser zur Insel der Glückseligkeit, wo der Garten des Paradieses blühte.

Der Ostwind nahm den Prinzen auf seine Arme und trug ihn hinüber. Da sangen die Blumen und Blätter die schönsten Lieder aus seiner Kindheit, aber so überaus lieblich, wie keine menschliche Stimme singen kann.

Waren es Palmbäume oder riesengroße Wasserpflanzen, die hier wuchsen? So saftige und große Bäume hatte der Prinz früher nie gesehen; in langen Girlanden hingen da die wunderlichsten Schlingpflanzen, wie man sie nur mit Farben und Gold auf dem Rande alter Heiligenbücher, oder durch die Anfangsbuchstaben geschlungen, abgebildet findet. Das waren die seltsamsten Zusammensetzungen von Vögeln, Blumen und Schnörkeln. Dicht daneben im Grase stand ein Schwarm Pfaue mit entfalteten, strahlenden Schweifen. Ja, das war wirklich so! Als aber der Prinz daran rührte, merkte er, daß es keine Tiere, sondern Pflanzen waren; es waren die großen Kletten, die hier wie des Pfaus herrlicher Schweif strahlten. Der Löwe und der Tiger sprangen gleich geschmeidigen Katzen zwischen den grünen Hecken hin, die wie die Blüten des Olivenbaumes dufteten; und der Löwe und der Ti-

ger waren zahm. Die wilde Waldtaube glänzte wie die schönste Perle und schlug mit ihren Flügeln den Löwen an die Mähne; und die Antilope, die sonst so scheu ist, stand daneben und nickte mit dem Kopfe, als ob sie auch mitspielen wollte.

Nun kam die Fee des Paradieses; ihre Kleider strahlten wie die Sonne, und ihr Antlitz war heiter wie das einer frohen Mutter, wenn sie recht glücklich über ihr Kind ist. Sie war jung und schön, und die hübschesten Mädchen, jedes mit einem leuchtenden Stern im Haar, folgten ihr. Der Ostwind gab ihr das beschriebene Blatt vom Vogel Phönix, und ihre Augen funkelten vor

Freude. Sie nahm den Prinzen bei der Hand und führte ihn in ihr Schloß hinein, wo die Wände Farben hatten wie das prächtigste Tulpenblatt, wenn es gegen die Sonne gehalten wird. Die Decke selbst war eine große, strahlende Blume, und je mehr man zu derselben hinaufsah, desto tiefer erschien ihr Kelch. Der Prinz trat an das Fenster und blickte durch eine der Scheiben. Da sah er den Baum der Erkenntnis mit der Schlange, und Adam und Eva standen dicht dabei.

„Sind die nicht verjagt?" fragte er.

Und die Fee lächelte und erklärte ihm, daß die Zeit auf jeder Scheibe ihr Bild eingebrannt habe; aber nicht, wie man es zu sehen gewohnt, nein, es war Leben darin; die Blätter der Bäume bewegten sich; die Menschen kamen und gingen wie in einem Spiegelbild. Und er sah durch eine andere Scheibe, und da war Jakobs Traum, wo die Leiter gerade bis in den Himmel reichte, und die Engel mit großen Schwingen schwebten auf und nieder. Ja, alles, was in dieser Welt geschehen war, lebte und bewegte sich in den Glasscheiben – so kunstvolle Gemälde konnte nur die Zeit einbrennen.

Die Fee lächelte und führte ihn in einen großen, hohen Saal, dessen Wände transparent erschienen. Hier waren Porträts, das eine Gesicht immer schöner als das andere. Man sah Millionen Glücklicher, die lächelten und sangen, so daß es in eine Melodie zusammenfloß: Die allerobersten waren so klein, daß sie kleiner erschienen als die kleinste Rosenknospe, wenn sie wie ein Punkt auf das Papier gezeichnet wird. Und mitten im Saal stand ein großer Baum mit hängenden, üppigen Zweigen; goldene Äpfel, große und kleine, hingen wie Apfelsinen zwischen den grünen Blättern. Das war der Baum der Erkenntnis, von dessen Frucht Adam und Eva gegessen hatten. Von jedem Blatt tröpfelte ein glänzender, roter Tautropfen: Es war, als ob der Baum blutige Tränen weine.

Auf einer anschließenden Bootsfahrt gleiten alle Länder vor den Augen des Prinzen an der Küste vorbei:

Der Prinz war ganz glücklich; ja, er sah noch hundertmal mehr, als was wir hier erzählen.

„Und ich kann immer hier bleiben?“ fragte er.

„Das kommt auf dich selber an!“ erwiderte die Fee. „Wenn du nicht, wie Adam, dich gelüsten läßt, das Verbotene zu tun, so kannst du immer hier bleiben!“

„Ich werde die Äpfel auf dem Erkenntnisbaum nicht anrühren!“ sagte der Prinz. „Hier sind ja Tausende von Früchten ebenso schön wie die!“

„Prüfe dich selbst, und bist du nicht stark genug, so gehe mit dem Ostwind, der dich herbrachte. Er fliegt nun zurück und läßt sich vor hundert Jahren hier nicht wieder blicken; die Zeit wird an diesem Ort für dich vergehen, als wären es nur hundert Stunden, aber es ist eine lange Zeit für die Versuchung der Sünde. Jeden Abend, wenn ich von dir gehe, muß ich dir zurufen: Komm mit! Ich muß dir mit der Hand winken – aber bleibe zurück! Gehe nicht mit, denn sonst wird mit jedem Schritt deine Sehnsucht größer werden. Du kommst dann in den Saal, wo der Baum der Erkenntnis wächst; ich schlafe unter seinen duftenden, hängenden Zweigen; du wirst dich über mich beugen, und ich muß lächeln; drückst du aber einen Kuß auf meinen Mund, so sinkt das Paradies tief in die Erde, und es ist für dich verloren. Der Wüste scharfer Wind wird dich umsausen, der kalte Regen von deinem Haupte träufeln, Kummer und Drangsal wird dein Erbteil sein.“

„Ich bleibe hier!“ sagte der Prinz. Und der Ostwind küßte ihn auf die Stirn und sagte: „Sei stark, dann treffen wir uns hier nach hundert Jahren wieder! Lebe wohl! Lebe wohl!“ [...]

„Nun beginnen wir unsere Tänze!“ sagte die Fee. „Zum Schluß, wenn ich mit dir tanze, wirst du, während die Sonne sinkt, sehen, daß ich dir winke; du wirst mich dir zurufen hören: Komm mit! Aber tue es nicht! Hundert Jahre lang muß ich es jeden Abend wiederholen; jedesmal, wenn die Zeit vorbei ist, gewinnst du mehr Kraft; zuletzt denkst du gar nicht mehr daran. Heute abend ist es zum erstenmal; nun habe ich dich gewarnt!“

Und die Fee führte ihn in einen großen Saal von weißen, durchsichtigen Lilien; die gelben Staubfäden in jeder Blume bildeten eine kleine Goldharfe, die mit Saitenlaut und Flötenton erklang. Die schönsten Mädchen, schwebend und schlank, in wogenden Flor gekleidet, so daß man die reizenden Glieder sah, schwebten im Tanze und sangen, wie herrlich es sei zu leben, und daß sie nie sterben würden, und daß der Garten des Paradieses ewig blühen werde.

Und die Sonne ging unter; der ganze Himmel wurde ein Gold, welches den Lilien den Schein der herrlichsten Rosen gab; und der Prinz trank von dem schäumenden Wein, welchen die Mädchen ihm reichten, und fühlte eine Glückseligkeit wie nie zuvor. Er sah, wie der Hintergrund des Saales sich öffnete, und der Baum der Erkenntnis stand in einem Glanz, der seine Augen blendete. Der Gesang dort war weich und lieblich wie seiner Mutter Stimme, und es war, als ob sie sänge: „Mein Kind! Mein geliebtes Kind!“

Da winkte die Fee und rief so liebevoll: „Komm mit! Komm mit!“ Und er stürzte ihr entgegen, vergaß sein Versprechen, vergaß es schon den ersten Abend, und sie winkte und lächelte. Der

Duft, der würzige Duft ringsumher wurde stärker; die Harfen ertönten weit lieblicher, und es war, als ob die Millionen lächelnder Köpfe im Saal, wo der Baum wuchs, nickten und sängen: „Alles muß man kennen! Der Mensch ist der Herr der Erde." Und es waren keine blutigen Tränen mehr, welche von den Blättern des Erkenntnisbaumes fielen: Es waren rote, funkelnde Sterne, die er zu erblicken glaubte. „Komm mit, komm mit!" lauteten die bebenden Töne, und bei jedem Schritt brannten des Prinzen Wangen heißer, bewegte sein Blut sich rascher. „Ich muß!" sagte er. „Es ist ja keine Sünde, kann keine sein! Weshalb nicht der Schönheit und der Freude folgen? Ich will sie schlafen sehen; es ist ja nichts verloren, wenn ich es nur unterlasse, sie zu küssen; und küssen werde ich sie nicht: Ich bin stark, ich habe einen festen Willen!"

Und die Fee warf ihre strahlenden Kleider ab, bog die Zweige zurück, und nach einem Augenblick war sie darin verborgen.

„Noch habe ich nicht gesündigt", sagte der Prinz, „und will es auch nicht!" Und dann bog er die Zweige zur Seite: Da schlief sie bereits, schön, wie nur die Fee im Garten des Paradieses sein kann. Sie lächelte im Traum, er bog sich über sie nieder und sah zwischen ihren Augenlidern Tränen schimmern! „Weinst du über mich?" flüsterte er. „Weine nicht, du herrliches Weib! Nun begreife ich erst des Paradieses Glück! Es durchströmt mein Blut, meine Gedanken; die Kraft des Cherubs und des Ewigen Lebens fühle ich in meinem irdischen Körper! Möge es ewig Nacht für mich werden: Eine Minute wie diese ist Reichtum genug!" Und er küßte die Tränen aus ihren Augen, sein Mund berührte den ihrigen.

Da krachte ein Donnerschlag, so tief und schrecklich, wie niemand ihn je gehört. Und alles stürzte zusammen: die schöne Fee, das blühende Paradies – sie sanken tiefer und tiefer. Der Prinz sah es in die schwarze Nacht versinken; wie ein kleiner, leuchtender Stern strahlte es aus weiter Ferne; Todeskälte durchschauerte seinen Körper; er schloß seine Augen und lag lange wie tot.

Der kalte Regen fiel ihm in das Gesicht, der scharfe Wind blies um sein Haupt; da kehrten seine Sinne zurück. „Was habe ich getan!" seufzte er, „ich habe gesündigt wie Adam – gesündigt, so daß das Paradies tief versunken ist!" Und er öffnete seine Augen; den Stern in der Ferne, den Stern, der wie das gesunkene Paradies funkelte, sah er noch – es war der Morgenstern am Himmel [...]

Der Königssohn, der sich vor nichts fürchtet

Auch dieses Märchen der Brüder Grimm enthält viele Motive, die deutlich an das Paradies erinnern: der streng bewachte Garten mit dem Baum des Lebens, von dem der Held einen Apfel pflücken muß, ein zahmer Löwe als hilfreicher Freund, der in Gefahren als Retter eingreift, Wasser, das dem Helden das Augenlicht zurückgibt, und das Wasser des Lebens, das seine Wunden nach den durch Teufel erlittenen Peinigungen sofort heilt, so daß er seine Erlösungstat vollbringen kann.

Ein Prinz begegnet auf der Suche nach Abenteuern einem Riesen. Dieser ist von der Unerschrockenheit des Prinzen beeindruckt und bittet ihn, für seine Braut aus einem Garten den Apfel vom Baum des Lebens zu holen:

Der Riese sprach: „Du meinst wohl, das wäre so leicht? Der Garten, worin der Baum steht, ist von einem eisernen Gitter umgeben, und vor dem Gitter liegen wilde Tiere, eins neben dem andern, die halten Wache und lassen keinen Menschen hinein."

„Mich werden sie schon einlassen", sagte der Königssohn.

„Ja, gelangst du auch in den Garten und siehst den Apfel am Baum hängen, so ist er doch noch nicht dein: Es hängt ein Ring davor, durch den muß einer die Hand stecken, wenn er den Apfel erreichen und abbrechen will, und das ist noch keinem geglückt."

„Mir soll's schon glücken", sprach der Königssohn.

Da nahm er Abschied von dem Riesen, ging fort über Berg und Tal, durch Felder und Wälder, bis er endlich den Wundergarten

fand. Die Tiere lagen ringsherum, aber sie hatten die Köpfe gesenkt und schliefen. Sie erwachten auch nicht, als er herankam, sondern er trat über sie weg, stieg über das Gitter und kam glücklich in den Garten. Da stand mitteninne der Baum des Lebens, und die roten Äpfel leuchteten an den Ästen. Er kletterte an dem Stamm in die Höhe, und wie er nach einem Apfel reichen wollte, sah er einen Ring davorhängen, aber er steckte seine Hand ohne Mühe hindurch und brach den Apfel. Der Ring schloß sich fest an seinen Arm, und er fühlte, wie auf einmal eine gewaltige Kraft durch seine Adern drang. Als er mit dem Apfel von dem Baum wieder herabgestiegen war, wollte er nicht über das Gitter klettern, sondern faßte das große Tor und brauchte nur einmal daran zu schütteln, so sprang es mit Krachen auf. Da ging er hinaus, und der Löwe, der davorgelegen hatte, war wach geworden und sprang ihm nach, aber nicht in Wut und Wildheit, sondern er folgte ihm demütig als seinem Herrn.

Daraufhin bringt der Prinz den Apfel dem Riesen. Da dieser aber zu Recht befürchtet, daß seine Braut ihm nicht glauben wird, daß er den Apfel selbst gepflückt hat, solange er nicht auch den Ring vorweisen kann, bringt er sich durch eine List in dessen Besitz:

Alsbald griff der Riese nach dem Ring und lief damit fort, aber der Löwe, der den Diebstahl bemerkt hatte, setzte dem Riesen nach, riß den Ring ihm aus der Hand und brachte ihn seinem Herrn zurück. Da stellte sich der Riese hinter einen Eichbaum, und als der Königssohn beschäftigt war, seine Kleider wieder anzuziehen, überfiel er ihn und stach ihm beide Augen aus.

Als der Riese den blinden Prinzen einen Abgrund hinabstoßen will, wird dieser durch den treuen Löwen gerettet:

[Er] leitete ihn zu einem Baum, an dem ein klarer Bach floß. Der Königssohn setzte sich da nieder, der Löwe aber legte sich und spritzte mit seiner Tatze ihm das Wasser ins Antlitz. Kaum hatten ein paar Tröpfchen die Augenhöhlen benetzt, so konnte er wieder etwas sehen und bemerkte ein Vöglein, das flog ganz nah vorbei, stieß sich aber an einen Baumstamm; hierauf ließ es sich in das Wasser herab und badete sich darin, dann flog es auf, strich, ohne anzustoßen, zwischen den Bäumen hin, als hätte es sein Gesicht wiederbekommen.

Da erkannte der Königssohn den Wink Gottes, neigte sich herab zu dem Wasser und wusch und badete sich darin das Gesicht. Und als er sich aufrichtete, hatte er seine Augen wieder so hell und rein, wie sie nie gewesen waren.

Wenig später gelangt der Prinz zu einem Schloß. Eine Jungfrau bittet ihn, sie und das Schloß zu erlösen, indem er drei Nächte in dem großen Saal des Schloßes verbringen muß, ohne sich dabei zu fürchten. Es werden drei schreckliche Nächte, in denen Teufel den Prinzen schlagen und quälen, nur töten dürfen sie ihn nicht. Jeden Morgen heilt die Jungfrau seine Wunden mit Lebenswasser, so daß er der nächsten Nacht erquickt entgegensehen kann. Nach der dritten Nacht sind die Jungfrau und das Schloß erlöst.

Gärten der Erlösung

In einem Garten ging die Welt verloren,
in einem Garten ward sie erlöst.

Blaise Pascal (1623–1662)

❧

Im christlichen Sinn bedeutet Erlösung die Errettung der Sünder durch den Opfertod Jesu und die Gnade Gottes, die erhoffte Erwählung zum Ewigen Leben, zur innigen Gemeinschaft mit Gott im himmlischen Garten und zu wonnevollen Jenseitsfreuden.

In den Garten als paradiesischen Ort der Stille, des Friedens und der Gottnähe kann dramatisches Geschehen einbrechen, um Wandlung und Erlösung vorzubereiten:

So erfolgt im „hortus conclusus“ die Verkündigung von der Geburt des Erlösers an die Jungfrau im Bild der „mystischen Jagd“ – ein überwältigendes Eindringen der göttlichen Liebe.

Selbst bei dem glücklichen Beisammensein der Muttergottes mit dem Kind im „Rosenhag“ oder in den „Erdbeeren“ weisen gerade diese Pflanzen auf Bedrohliches in der Zukunft, auf die Passion, voraus.

Im Garten Getsemani beginnt der Opfergang Jesu in Dunkelheit, Todesangst und Verzweiflung. Die Zwiesprache mit Gott, seinem Vater, führt schließlich zur willigen Annahme des Leidens. Im Verrat des Judas und in der Gefangennahme Jesu ereignen sich in Getsemani weitere dramatische Ereignisse.

Nach der Kreuzigung und den drei Tagen im Felsengrab, das wiederum in einem Garten gelegen ist, ersteht Christus siegreich aus der Nacht des Todes. In ihrer Freude über die Auferstehung des Erlösers erwachen alle Gewächse des Gartens zu frühlingshaftem Erblühen.

Diese Anteilnahme der Natur zeigt sich auch im Märchen, in dem Erlösung das Ende von Verwandlung und Verzauberung und ein glückliches Weiterleben im Diesseits bedeutet. Das äußere Bild des Gartens versinnbildlicht dabei innerseelische Vorgänge: Die Liebe überwindet auch hier Tod und Winterstarre durch ihre erlösende Kraft.

DER VERSCHLOSSENE GARTEN

Der fest umfriedete, umzäunte oder sogar von Mauern eingeschlossene Garten, der „hortus conclusus", begegnet uns als Bild für die jungfräuliche Geliebte, die aller Versuchung standhält, bereits im Alten Testament im Hohenlied Salomos (vgl. S. 30f). Christliche Interpretation übertrug den Begriff auf die Jungfrau Maria; in der mittelalterlichen Mariendichtung und in bildlichen Darstellungen wurde er zum Symbol madonnenhafter Reinheit und Jungfräulichkeit.

Der ebenfalls im Hohenlied genannte „versiegelte Born" wurde als „fons hortorum" in denselben Symbolbereich einbezogen.

So heißt es bereits um 1130/40 im „Melker Marienlied" in einem Lobpreis auf die heilige Jungfrau Maria:

Versiegelte Quelle,
verschlossener Garten,
darin Balsamum fließt,
der duftet wie Zynamonium,
du bist wie der Zederbaum,
den da fliehet der Wurm,
Sancta Maria.

Maria ist so rein, makellos und ohne Sünde, daß sie sogar die Schuld Evas zu sühnen vermag. So sagt die nächste Strophe:

Cedrus in Libano,
Rosa in Jericho,
du auserwählte Myrrhe,
du duftest so weithin,
du bist über alle Engel:
Du sühntest Evas Fall,
Sancta Maria.

Der Dichter Konrad von Würzburg (1220/30–1287) bezeichnet Maria in seiner „Goldenen Schmiede", was aus dem Mittelhochdeutschen übersetzt „Köstliches Geschmeide" bedeutet, sogar als „Myrtenbaum vom Paradies" und ordnet ihr paradiesische Bäume und Kräuter zu.

Die schmückenden Beiworte Marias, die poetischen Vergleiche und Sprachbilder der Dichtung wirkten anregend und fruchtbar auch auf die Bildende Kunst des Mittelalters.

In den Bildzeugnissen wurde der „hortus conclusus" mit der Verkündigung an Maria verknüpft, die übrigens in freier Natur viel sinnfälliger als in einem Wohnraum erscheint. Der Garten steht der Gnade von oben offen, und Maria ist in ihm dem Him-

mel und Gott näher, der seinen Boten sendet. Im Garten also bereitet sich die Erlösung der Menschheit durch die angekündigte Geburt des Heilands vor. Sein Leben, das nun auf Erden seinen Beginn nimmt, wird zum Wachsen und Blühen der Pflanzen im Garten in Beziehung gesetzt; und auch das durch ihn kommende Paradies wird so angedeutet.

Der „hortus conclusus", ein symbolischer und daher auch zeit- und raumloser Garten, der zwischen irdischem und himmlischem Paradies (oder als Paradies im Paradies) zu denken ist, hat sich in der Kunst zu einem eigenen Bildtyp entwickelt, der nicht ganz leicht verständlich ist. Auf einige der in ihm enthaltenen Sinnbilder soll deshalb hingewiesen werden: Die Zinnen des ummauerten Gartens, in dem die Jungfrau auf einem Pflanzenteppich sitzt, spielen auf das „Himmlische Jerusalem“ an; Rosen und Lilien stehen entweder für die Jungfrau selbst oder auch für deren Schönheit, Liebreiz und Reinheit; der mit „tausend Schilden“ behangene Turm Davids (Hld 4,4), der versiegelte Born (Hld 4,12) und die verschlossene Pforte Hesekiels (Ez 44,1) betonen die vorbildliche Jungfräulichkeit Mariens.

Die stille Gartenszene wird durch die Verbindung mit der „mystischen Jagd“ lebhaft kontrastiert. Der Engel Gabriel eilt als Jäger herbei und treibt mit seinen Hunden „Barmherzigkeit“, „Gerechtigkeit“, „Friede“ und „Wahrheit“ das zufluchtsuchende Einhorn in den Schoß der Jungfrau. Nach antiker Vorstellung kann dieses stärkste aller Tiere nur von einer unberührten Jungfrau gefangen werden. Später wird dann Christus selbst mit dem Einhorn identifiziert, so daß diese Szene auch auf die künftige Mutterschaft Mariens vorausweist.

Das Paradiesgärtlein

Im späten Mittelalter wird Maria mit dem Jesuskind in ihren seligen Freuden des Mutterglücks gern in einem „Rosenhag“ oder im „Paradiesgärtlein“ dargestellt. Auch dann, wenn Maria ihrem Kind eine Blume oder Frucht reicht, ist das Paradies gemeint. Berühmt geworden ist das Tafelbild mit dem „Paradiesgärtlein“ eines unbekannten oberrheinischen Meisters von 1410, das sich heute in Frankfurt befindet: Inmitten blühender Pflanzen und

Fruchtbäume, zwischen Heiligengestalten und Tieren, an einer klaren Quelle, erfreut von Musik und Vogelsang, hält sich die Muttergottes mit ihrem spielenden Kind in einem von der Wirklichkeit abgehobenen paradiesischen Garten auf, dessen Mauern alles irdische Leid abschirmen. Alles, was in diesem Garten ganz real dargestellt ist, besitzt übertragene, symbolische Bedeutung.

Von der Hand desselben Meisters stammt auch das Bild „Maria in den Erdbeeren“, das um 1410/20 entstanden ist und in Solothurn aufbewahrt wird: Maria sitzt auf einer in mittelalterlichen Gärten beliebten Rasenbank vor einem Spalier mit weißen und roten Rosen, den Symbolen der irdischen und himmlischen Liebe, die den goldfarbenen Hintergrund, das Zeichen des Überirdischen, beschirmend abschließen. Sie reicht ihrem Kind eine Rose. Auffällig sind die vielen Erdbeerpflanzen, die im Garten wachsen und dem Bild seinen Namen gegeben haben.

Die Erdbeere war früher als Heilpflanze berühmt und ist daher der Muttergottes zugeordnet. Als Heilmittel gegen Gemütskrankheiten weist die Frucht auch auf Christus hin, der ein bedrücktes Gemüt zu heilen vermag. Die Erdbeere ist aber auch Sinnbild des Edlen und der Bescheidenheit, weil sie sich demütig zur Erde neigt. Auf Maria bezogen, meint sie: reif zur Mutterschaft. Die Fünfzahl der Blütenblätter verweist auf die fünf Wunden Christi, die roten Früchte stehen für sein unschuldig vergossenes Blut und die dreigeteilten Blätter für die Heilige Dreifaltigkeit.

Der ganze Garten ist ein wahrer „locus amoenus“, ein kleines Paradies, das zwischen Himmel und Erde vermittelt und bereits auf den zukünftigen Erlöser hinweist.

Die Erdbeeren, an denen man sich nicht satt essen kann, wachsen auch im Himmelreich und gelten dort als Seelenspeise, besonders für früh verstorbene Kinder. In einer Legende heißt es:

Am Johannistag führt Maria die seligen Kinder auf die himmlische Erdbeerwiese, da dürfen sie sich nach Herzenslust satt essen. Darum – so sagten die Alten – soll eine Mutter, die eines ihrer Kinder im himmlischen Garten weiß, vor Johanni keine Erdbeeren essen; ihr Kind müßte sonst leer ausgehen beim himmlischen Erdbeerpflücken.

VISIONEN IM GARTEN

In einer düsteren Todesvision sieht Jesus im Garten Getsemani, wo er in Angst und Verzweiflung einsam betet, seine Marter am Kreuz voraus und bittet Gott, seinen Vater, den Kelch des Leidens, wenn möglich, an ihm vorübergehen zu lassen (Mt 26, 36–39; Mk 14, 32–37; Lk 22, 39–44).

Geprägt von ihrer tiefen Religiosität hat sich die Dichterin Annette von Droste-Hülshoff (1797–1848) mit größtem Einfühlungsvermögen in die Seelenqual Jesu vor seiner Gefangennahme und den damit verbundenen Schrecken versetzt, hat sie doch selbst ihre Glaubensgewißheit erst mühsam erringen müssen.

In ihrem Gedicht „Gethsemane“ schenkt eine zweite Zukunftsvision dem Heiland Kraft für seinen Opfergang. Willig fügt er sich daraufhin in seiner Liebe zu den Menschen dem Ratschluß Gottes. In der 5. Strophe heißt es:

Ein Blitz durchfuhr die Nacht, im Lichte schwamm
Das Kreuz, o strahlend mit den Marterzeichen,
Und Millionen Hände sah er reichen,
Sich angstvoll klammernd um den blutgen Stamm,

O Hand und Händchen aus den fernsten Zonen,
Und um die Krone schwebten Millionen
Noch ungeborner Seelen, Funken gleichend;
Ein leiser Nebelrauch, dem Grund entschleichend,
Stieg aus den Gräbern der Verstorbnen Flehn.
Da hob sich Christus in der Liebe Fülle,
Und: „Vater, Vater!“ rief er, „nicht mein Wille,
Der deine mag geschehn!“

Still schwamm der Mond im Blau, ein Lilienstengel
Stand vor dem Heiland im betauten Grün;
Und aus dem Lilienkelche trat der Engel
Und stärkte ihn.

Das göttliche Wunder, das Annette von Droste-Hülshoff am Schluß des Gedichts schildert, bezieht sich auf die Vorstellungen von einem himmlischen Paradies. Als Zeichen und Gruß ist die Lilie aus dem himmlischen Garten in den Garten Getsemani versetzt worden, nachdem sich Jesus dazu durchgerungen hat, der Heiland aller zu werden und die Passion auf sich zu nehmen. Damit wandelt sich Getsemani durch den Hinweis auf die Erlösung Jesu und aller Menschen im Paradies, dem die Lilie entstammt, von einem Ort der Verzweiflung in einen Ort des Trostes.

Das Grab und die Auferstehung im Garten

Der Leib des Gekreuzigten wurde in ein Felsengrab in einem Garten in der Nähe von Golgota gelegt, das dem frommen Ratsherrn Joseph von Arimathäa gehörte. Dieser hatte hierfür die Erlaubnis von Pilatus erbeten, wie das Lukasevangelium (23,50–53) berichtet. Es war üblich, daß Reiche ihr Grab im eigenen Garten hatten anlegen lassen, und so bedeutete es den größtmöglichen Liebesbeweis Josephs, den toten Jesus hier zu bestatten, für den auch noch im Tod das eigene Wort Gültigkeit hatte: „Der Menschensohn aber hat nicht, wohin er sein Haupt legen kann“ (Mt 8,20; Lk 9,58). Nach seiner Auferstehung segnete Christus alle Sträucher dieses Gartens, insbesondere den Schlehdorn. Eine Legende erzählt davon:

In jenem Schmerzensfreitag, als der Herr von den Kriegsknechten so grausam mißhandelt wurde, schickte man einen von ihnen hinaus, um Reiser zu holen für eine Dornenkrone. Unter den Zweigen, die der Knecht aussuchte, befanden sich auch einige vom Schlehdorn. Wie betrübte es aber diesen, als er merkte, daß er mithelfen sollte, den Herrn zu peinigen und zu verhöhnen, wie schmerzte es ihn, als aus den Wunden, die seine Dornen dem Herrn schlugen, das Blut über dessen heiliges Antlitz rann.

Als der Herr nach seiner Auferstehung durch den Garten wandelte und alle sprossenden und blühenden Sträucher segnete, kam er auch am Schlehdorn vorüber. Dieser stand noch kahl da wie im Winter. Der Herr fragte ihn, warum er nicht blühe wie seine Brüder, die anderen Sträucher und Gebüsche. „Ach", erwiderte der Schlehdorn, „wie könnte ich mich mit Blüten zieren, da ich mit meinen scharfen Dornen das holdselige Antlitz meines Herrn verwundet habe."

Diese Antwort rührte den Herrn so sehr, daß er dem Schlehstrauch ein weißes Blütengewand schenkte zum Zeichen seiner Unschuld. Seitdem erfreut uns die Schlehe Jahr für Jahr mit ihren weißen Blüten, wenn der Todestag des Herrn begangen wird.

Der Garten ist ein Ort der Wandlung und der Wunder. Die Auferstehung Jesu aus dem Grab und aus dunkler Todesnacht geschieht im Frühling – eine sinnfällige Parallele zum Erwachen der Natur aus der Winterstarre.

Wieder ist der Garten Schauplatz eines überaus dramatischen Vorgangs. Die Wächter des Grabes stürzen zu Boden, als sich Christus siegreich daraus erhebt. Zu diesem größten aller Wunder, das die Welt erlöst, gehört auch die Wandlung des Gartens selbst, der plötzlich zu blühen beginnt. Eine alte Legende erzählt, wie die Königskerze am Grab Jesu zur Ehre des Auferstandenen geschaffen wurde, der zuvor am Kreuz als „König der Juden" verspottet worden war:

Als man Jesus, der auf Golgota sein Leben aushauchte, um es in die Hand seines göttlichen Vaters im Himmel zurückzugeben, vom Kreuze nahm und zu Grabe trug, kamen die frommen Frauen von Jerusalem und beweinten den Sohn Gottes, der sein Leben gab, um die Welt zu erlösen. Sie trösteten Maria, die göttliche Mutter, und stellten Kerzen am Felsengrabe nieder, damit ihr flackernder Schein das Dunkel der Grabesnacht erhelle und der göttlichen Seele den Weg zum Reiche des himmlischen Vaters erleuchte. Als schon nach Tagen Christus nach dem Willen des göttlichen Vaters den Bann des Todes brach und aus dem Grabesdunkel stieg, erloschen die Flammen, und die Kerzen verwandelten sich in leuchtende Blumen, die wie goldene Fackeln den Weg des Auferstandenen säumten.

So beschenkte der Himmel die Erde am Tage der Auferstehung des Heilandes mit dieser stolzen Blume, der man ob ihrer strahlenden hellgoldenen Blütenpracht den majestätischen Namen „Königskerze" gab.

CHRISTUS ALS GÄRTNER

Das Johannesevangelium berichtet von der Begegnung Maria Magdalenas mit dem Auferstandenen am leeren Grab, den sie zuerst nicht erkennt und für den Gärtner hält:

Maria aber stand draußen am Grabe und weinte. Wie sie nun weinte, beugte sie sich vor in das Grab und sieht zwei weißgekleidete Engel dasitzen, einen zu Häupten und einen zu Füßen, wo der Leichnam Jesu gelegen hatte. Und jene sagen zu ihr: „Frau, warum weinst du?“ Sie sagt zu ihnen: „Weil sie meinen Herrn weggenommen haben, und ich weiß nicht, wo sie ihn hingelegt haben.“ Nach diesen Worten wandte sie sich ab und sieht Jesus dastehen, wußte aber nicht, daß es Jesus war. Jesus sagte zu ihr: „Frau, warum weinst du? Wen suchst du?“

Sie meinte, es sei der Gärtner, und sagt zu ihm: „Herr, wenn du ihn fortgetragen hast, so sag mir, wo du ihn hingelegt hast. Dann werde ich ihn holen.“

Jesus sagte zu ihr: „Maria!“ Da erkannte sie ihn und sagte zu ihm auf hebräisch: „Rabbuni“, das heißt: Meister. (Joh 20,11–16)

Als sie ihn am Ton seiner vertrauten Stimme erkennt und freudig vor ihm niedersinkt, um seine Knie zu umfassen, verwehrt er es ihr:

Jesus sagt zu ihr: „Halte mich nicht fest. Denn ich bin noch nicht zum Vater hinaufgestiegen. Geh aber zu den Brüdern und sag ihnen: Ich steige hinauf zu meinem Vater und eurem Vater, meinem Gott und eurem Gott.“ (Joh 20,17)

Diese Szene im Garten ist in der Malerei oft und mit liebevollen Details versehen dargestellt worden, denn sie birgt Hoffnung, für Maria Magdalena ebenso wie für die ganze Welt. Christus wird als Gärtner dabei gern mit einem Spaten im Blumengarten gezeigt, was äußerst bedeutsam ist. Denn symbolisch wird er zum „Menschengärtner", der die menschlichen Seelen den Pflanzen gleich umsorgt, so daß sie dem himmlischen Garten zuwachsen können, wo er dann, nachdem sich die biblische Prophezeihung und mit ihr die Gewißheit aller Gläubigen auf Errettung erfüllt haben, als „Himmelsgärtner" erscheint.

Garten der Wandlung

Im Lauf des Jahres durchlebt der Garten eine ständige Veränderung; Blühen, Reifen und Vergehen wechseln einander in natürlicher Folge ab. Wird dieser Rhythmus aber einmal unterbrochen, so deutet sich etwas Außergewöhnliches an, denn der Garten benötigt immer den Segen des Himmels, um zu gedeihen und fortzubestehen.

Der Zustand eines realen, für alle Augen sichtbaren Gartens kann somit auch zu einem Abbild der innerseelischen Vorgänge seines Besitzers werden, der in enger, geheimnisvoll wirkender Beziehung zu ihm steht.

In seinem Märchen „Der eigensüchtige Riese" hat der angloirische Dichter Oscar Wilde (1856–1900) das Motiv des Winters, der unverhältnismäßig lange nicht aus dem Garten weichen will, eindringlich und überzeugend gestaltet.

Die innere Wandlung des Riesen spiegelt sich in der äußeren seines Gartens wider: So zerstört sein kaltes Herz voller Egoismus und Lieblosigkeit den eigenen Garten zuerst, da dieser in unveränderlicher Froststarre verharrt, während ringsum längst überall der Frühling mit Sonnenschein, Wärme, reichem Blühen und Vogelsang Einzug gehalten hat. Erst dadurch, daß sich sein Besitzer aus Verbitterung und Vereinsamung befreit, füllt sich auch der Garten wieder mit Leben und Freude; eine wahre Erlösung durch die Liebe zum göttlichen Kind erfolgt, das einen Abglanz des Paradieses mit sich bringt:

Jeden Nachmittag, wenn die Kinder aus der Schule kamen, gingen sie in den Garten des Riesen, um darin zu spielen.

Es war ein großer, wunderschöner Garten mit weichem grünem Gras. Hier und da lugten aus dem Grase herrliche Blumen wie Sterne, und zwölf Pfirsichbäume standen da, die sich im Frühling mit duftigen Blüten blaßrot und perlenfarbig übersprühten und im Herbst reiche Frucht trugen. Die Vögel saßen in den Bäumen und sangen so süß, daß die Kinder oft in ihren Spielen innehielten, um zu lauschen. „Wie glücklich sind wir hier!“ rief eins dem andern zu.

Eines Tages kam der Riese heim. Er war bei seinem Freund, dem Werwolf von Cornwall, zu Besuch gewesen und sieben Jahre bei ihm geblieben. Als die sieben Jahre um waren, hatte er alles gesagt, was er zu sagen wußte, denn seine Unterhaltungsgabe war beschränkt; und so beschloß er, nach Haus in sein eigenes Schloß zurückzureisen. Da er nun heimkehrte, sah er die Kinder in seinem Garten spielen.

„Was macht ihr hier?“ schrie er mit sehr barscher Stimme, und die Kinder liefen davon.

„Was mir gehört, gehört mir, und mein Garten ist mein Garten", sagte der Riese, „das ist doch ganz klar, und ich erlaube keinem, darin zu spielen, außer mir selber." Also baute er eine hohe Mauer ringsherum und stellte eine Warnungstafel auf: *Unbefugten ist der Zutritt bei Strafe verboten!*

Er war ein sehr eigensüchtiger Riese.

Die armen Kinder hatten nun keine Stelle, wo sie spielen konnten. Sie versuchten es auf der Straße, aber die Straße war so staubig und voll harter Steine, und sie mochten sie gar nicht leiden. Wenn die Schulstunden zu Ende waren, liefen sie immer und immer wieder um die hohe Mauer und sprachen von dem schönen Garten drinnen. „Wie glücklich waren wir dort", sagte eines zum andern.

Dann kam der Frühling, und überall im ganzen Land waren kleine Blüten und kleine Vögel. Nur im Garten des eigensüchtigen Riesen blieb es Winter. Den Vögeln machte es keinen Spaß, darin zu singen, weil die Kinder nicht da waren, und die Bäume vergaßen zu blühen. Einmal steckte eine schöne Blume ihren Kopf aus dem Grase, aber als sie die Warnungstafel sah, taten ihr die Kinder so leid, daß sie wieder in den Erdboden schlüpfte und weiterschlief. Die einzigen, denen das alles gefiel, waren der Schnee und der Frost. „Der Frühling hat diesen Garten vergessen", riefen sie, „da wollen wir das ganze lange Jahr hierbleiben." Der Schnee bedeckte das Gras mit seinem großen weißen Mantel, und der Frost malte alle Bäume silberweiß. Dann luden sie noch den Nordwind zu ihrer Gesellschaft ein, und er kam. Er war in Pelze gepackt und brüllte den lieben langen Tag durch den Garten und blies die Schornsteinaufsätze herunter. „Das ist ein entzückendes Fleckchen", sagte er, „wir müssen den Hagel auffordern, daß er uns besucht." Also kam auch der Hagel. Alle Tage prasselte er drei Stunden auf das Dach des Schlosses, bis er die meisten Schieferplatten zerbrochen hatte, und dann rannte er in einem fort durch den Garten, so schnell er nur laufen konnte. Er war ganz in Grau gekleidet, und sein Atemhauch war wie Eis.

„Ich kann nicht verstehen, warum der Frühling gar so spät kommt“, sagte der eigensüchtige Riese, als er einmal am Fenster saß und in seinen kalten weißen Garten hinausblickte. „Hoffentlich ändert sich das Wetter bald.“

Aber der Frühling kam nicht, und auch nicht der Sommer. Der Herbst brachte goldene Früchte in jedem Garten, doch dem Garten des Riesen brachte er nichts. „Er ist allzu selbstsüchtig“, sagte der Herbst. So blieb es dort beständig Winter, und Nordwind und Hagel, Frost und Schnee tanzten zwischen den Bäumen umher.

Eines Morgens lag der Riese wach im Bett; da hörte er eine liebliche Musik. Es klang seinen Ohren so hold, daß er dachte, des Königs Musikanten zögen vorbei. In Wirklichkeit sang nur ein kleiner Hänfling draußen vor dem Fenster; aber da der Riese so lange schon keinen Vogel mehr in seinem Garten hatte singen hören, erschien ihm das als die herrlichste Musik der Welt. Nun tanzte der Hagel nicht weiter über seinem Kopf herum, und der Nordwind brüllte nicht mehr, und ein köstlicher Duft schwebte durch das offene Fenster in sein Zimmer. „Ich glaube, jetzt endlich ist der Frühling da“, sagte der Riese; und er sprang aus dem Bett und schaute hinaus.

Und was sah er?

Er sah ein höchst wunderbares Bild. Durch ein kleines Loch in der Mauer hatten sich die Kinder hereingestohlen und saßen nun in den Ästen der Bäume. In jedem Baum, den er sehen konnte, saß ein kleines Kind. Und die Bäume waren so froh, die Kinder wiederzuhaben, daß sie sich selber in Blüten gekleidet hatten, und sie wiegten ihre Arme freundlich über den Köpfen der Kinder. Die Vögel flogen hin und her und zwitscherten vor Wonne, und die Blumen guckten aus dem grünen Gras und lachten. Anmutig anzuschauen war das alles, nur in einem Winkel herrschte der Winter noch. Es war der entfernteste Winkel des Gartens, und dort stand ein kleiner Junge. Er war so winzig, daß er zu den Ästen nicht hinauflangen konnte, und er lief immerzu rund um den Baum und weinte bitterlich. Der arme Baum war noch ganz mit Reif und Schnee bedeckt, und der Nordwind schnob und brüllte über ihn hin. „Steig herauf, kleiner Junge!" sagte der Baum und neigte seine Zweige, so tief er konnte; aber der Junge war zu winzig klein.

Und des Riesen Herz schmolz dahin, als er hinuntersah. „Wie eigensüchtig bin ich gewesen!" sagte er. „Jetzt weiß ich, warum der Frühling nicht hierherkommen wollte. Ich will das arme kleine Jungchen ganz oben auf den Baum setzen, und dann will ich die Mauer niederreißen, und in meinem Garten sollen die Kinder spielen immerdar." Er war wirklich sehr betrübt über das, was er getan hatte.

Also ging er auf Fußspitzen treppab und öffnete ganz sachte die Haustür und trat hinaus in den Garten.

Doch als die Kinder ihn sahen, erschraken sie sehr und liefen alle davon, und im Garten wurde wieder Winter. Nur der kleine Junge rannte nicht fort, denn seine Augen waren so voll Tränen, daß er den Riesen nicht kommen sah. Und der Riese schlich sich hinter ihn und nahm ihn sanft auf seine Hand und hob ihn hinauf in den Baum. Und der Baum brach mit einemmal in Blüten, und die Vögel kamen und sangen in ihm, und der kleine Junge streckte seine beiden Arme aus und schlang sie um des Riesen Hals und küßte ihn. Und die anderen Kinder sahen, daß der Riese nicht mehr böse war, und sie kamen zurückgelaufen, und mit ihnen kam der Frühling. „Das ist nun euer Garten, Kinderchen", sagte der Riese, und er nahm eine große Axt und riß die Mauer ein. Und als die Leute mittags zu Markte gingen, sahen sie, wie der Riese mit den Kindern spielte, in dem schönsten Garten, den sie je erschaut.

Den ganzen Tag über spielten sie, und am Abend kamen sie zu dem Riesen, ihm gute Nacht zu sagen.

„Aber wo ist euer kleiner Spielgefährte?" fragte er, „der Junge, den ich in den Baum gehoben habe?" Der Riese liebte diesen am zärtlichsten, denn der hatte ihn geküßt.

„Das wissen wir nicht", antworteten die Kinder, „er ist weggegangen."

„Ihr müßt ihm bestellen, daß er morgen ganz bestimmt herkommen soll", sagte der Riese. Doch die Kinder sagten, sie wüßten nicht, wo er wohne, und sie hätten ihn nie vorher gesehen; und das machte den Riesen sehr traurig.

Jeden Nachmittag, wenn die Schule aus war, kamen die Kinder und spielten mit dem Riesen. Der kleine Junge jedoch, den der Riese liebte, ward nicht wieder gesehen. Der Riese war sehr freundlich zu den Kindern allen, aber er sehnte sich nach seinem ersten kleinen Freunde und sprach oft von ihm. „Wie gern würde ich ihn wiedersehen!" sagte er dann immer.

Jahre vergingen, und der Riese wurde sehr alt und schwach. Er konnte nun nicht mehr draußen spielen; so saß er in einem riesigen Großvaterstuhl und sah den Kindern bei ihren Spielen zu und ergötzte sich an seinem Garten. „Viele schöne Blumen habe ich“, sagte er, „aber die Kinder sind die schönsten von allen.“

Eines Wintermorgens, als er sich eben anzog, blickte er zufällig aus dem Fenster. Er haßte den Winter jetzt nicht mehr, denn er wußte, daß der Winter nichts ist als der schlummernde Frühling, und daß die Blumen währenddes nur ausruhen.

Plötzlich rieb er sich die Augen vor Staunen und schaute und schaute. Es war auch wirklich ein zauberischer Anblick. Im entferntesten Winkel des Gartens war ein Baum ganz bedeckt mit lieblichen weißen Blüten. Seine Zweige waren von lauterem Gold, und Silberfrüchte hingen von ihnen nieder, und unter dem Baum stand der kleine Junge, den er geliebt hatte.

Die Treppe hinab lief der Riese in großer Freude und hinaus in den Garten. Er ging eilends über den Rasen auf das Kind zu, und als er ganz dicht heran war, rötete sich sein Gesicht vor Zorn, und er sagte: „Wer hat gewagt, dich zu verwunden?“ Denn in des Kindes Händen waren die Male zweier Nägel, und die Male zweier Nägel waren an seinen kleinen Füßen.

„Wer hat gewagt, dich zu verwunden?“ rief der Riese. „Sag es mir, auf daß ich mein großes Schwert nehme und ihn erschlage.“

„Nein!“ erwiderte das Kind, „nein, denn dies sind die Wunden der Liebe.“

„Wer bist du?“ sagte der Riese, und eine seltsame Scheu überfiel ihn, und er kniete nieder vor dem kleinen Kinde.

Und das Kind lächelte auf zu dem Riesen und sprach zu ihm: „Einst ließest du mich in deinem Garten spielen; heut sollst du in meinen Garten mit mir kommen, der da ist das Paradies.“

Und als die Kinder an diesem Nachmittag hereingesprungen kamen, fanden sie den Riesen tot unter dem Baume liegen, ganz überdeckt von weißen Blüten.

DER GARTEN DES GELEHRTEN

Ein chinesischer Gelehrter hatte sich selbst einen wundervollen Blumengarten angelegt, dessen Schönheit, Stille und Weltabgeschiedenheit er besonders liebte. Diesen geradezu paradiesischen Ort der Kontemplation verließ er deshalb nie mehr, um in Ruhe nachsinnen zu können. Was dieser Gelehrte an einem Frühlingsabend bei Mondschein in seinem Garten Außergewöhnliches, ja Zauberhaftes und Beglückendes erleben und erfahren durfte, erzählt das chinesische Volksmärchen „Die Blumenelfen“:

Es war einmal ein Gelehrter, der hatte sich von der Welt zurückgezogen, um geheimen Sinn zu erlangen. Er lebte einsam in der Verborgenheit. Um sein Häuschen herum hatte er allenthalben Blumen und Bambus und andere Bäume gepflanzt. Ganz versteckt lag es da im dichten Blumenhain. Nur einen Knaben hatte er bei sich als Diener, der wohnte in einer besonderen Hütte, um seine Befehle auszuführen. Ungerufen durfte er nicht eintreten. Der Gelehrte liebte die Blumen wie sein Leben. Nie setzte er den Fuß über die Grenzen seines Gartens hinaus.

Nun war einmal ein schöner Frühlingsabend. Blumen und Bäume standen in voller Blüte, es wehte ein frischer Wind, und der Mond schien hell. So saß er bei einem Becher Wein und freute sich des Lebens. Plötzlich sah er im Mondschein ein Mädchen in dunklen Kleidern herbeitrippeln. Sie machte ihm eine tiefe Verbeugung, begrüßte ihn und sprach: „Ich bin deine Nachbarin. Es ist hier eine Gesellschaft von Mädchen, die sind unterwegs, um die achtzehn Tanten zu besuchen. Sie möchten hier in diesem Hofe ein wenig rasten und lassen um Erlaubnis bitten.“

Der Gelehrte merkte, daß es sich hier um etwas Außerordentliches handle, darum stimmte er freudig zu. Das Mädchen bedankte sich und ging.

Nach einer kleinen Weile brachte sie eine ganze Schar von Mädchen, die Blumen und Weidenzweige trugen. Sie begrüßten alle den Gelehrten. Sie waren hübsch und fein im Gesicht und schlank und zart von Gestalt. Wenn sie die Ärmel bewegten, so strömten sie einen lieblichen Duft aus. Es gab nicht ihresgleichen in der Menschenwelt.

Der Gelehrte lud sie ein, im Zimmer ein wenig zu sitzen. Dann fragte er sie: „Wer gibt mir eigentlich die Ehre? Kommt ihr aus dem Schloß der Mondfee oder von der Nephritquelle der Königin-Mutter des Westens?"

„Wie könnten wir uns so hoher Abkunft rühmen?", sprach lächelnd ein Mädchen in grünem Gewande. „Ich heiße Salix." Dann stellte sie eine andere, weißgekleidete vor und sagte: „Das ist Fräulein Prunophora", dann eine rosagekleidete: „Und diese hier ist Persica", schließlich eine in tiefrotem Gewande: „Und das ist Punica. Wir alle sind Schwestern und wollen heute die achtzehn Zephirtanten besuchen. Heute abend scheint der Mond so schön, und es ist so reizend hier im Garten. Wir sind recht dankbar, daß du dich unser angenommen hast."

Als überraschend auch die Tanten erscheinen, werden Speisen und Getränke aufgetragen, und ein fröhliches Fest beginnt:

Der Mond schien hell, und die Blumen sandten betäubende Düfte aus. Als sie vom Wein heiter geworden, standen die Mädchen auf und tanzten und sangen. Lieblich klangen die Töne durch die dämmernde Nacht, und ihr Tanz glich Schmetterlingen, die um

Blumen flattern. Vor Entzücken wußte der Gelehrte nicht mehr, ob er im Himmel oder auf Erden sei.

Doch ein Schatten fällt auf den schönen Abend: Eine der Tanten verschüttet Wein über Punicas Kleid. Es kommt zum Streit, worauf sich die Gesellschaft auflöst:

Am andern Abend kamen die Mädchen alle wieder.

„Wir wohnen alle in deinem Garten“, sagten sie zu ihm. „Jedes Jahr werden wir von bösen Winden übel gequält und haben darum immer die achtzehn Tanten gebeten, uns zu beschützen. Gestern wurden sie von der Punica beleidigt, und wir fürchten, daß sie uns künftig nicht mehr helfen werden. Wir wissen aber von dir, daß du uns Schwestern schon immer freundlich zugetan warst, wofür wir dir von Herzen dankbar sind. Wir haben nun eine große Bitte, daß du jedesmal am Neujahrstag eine kleine, scharlachrote Flagge machst und darauf Sonne, Mond und die fünf Planeten malst und sie im Osten des Gartens aufstellst. Dann haben wir Schwestern Frieden und sind vor allem Leid geborgen. Da diesmal aber Neujahr schon vorüber ist, so bitten wir dich, daß du sie am einundzwanzigsten dieses Monats aufrichtest; denn da kommt der Ostwind, und durch die Flagge sind wir dann geschützt.“

Der Gelehrte versprach es ihnen bereitwillig, und die Mädchen sagten wie aus einem Munde: „Wir danken dir für deine große Güte und wollen’s dir vergelten.“ Damit schieden sie, und ein süßer Duft erfüllte den ganzen Garten.

Der Gelehrte aber machte eine solche rote Flagge, und als an dem genannten Tage frühmorgens tatsächlich der Ostwind zu wehen anfing, da stellte er sie schnell im Garten auf.

Plötzlich erhob sich ein wilder Sturm, der die Wälder beugte und die Bäume brach. Nur im Garten die Blumen bewegten sich nicht.

Da merkte der Gelehrte, daß Salix die Weide war, Prunophora die Pflaume, Persica der Pfirsich und die vorlaute Punica der Granatapfel, dessen kräftigen Blüten der Wind nichts anhaben konnte. Die achtzehn Zephirtanten aber waren die Geister des Windes.

Am Abend darauf kamen die Blumenelfen alle und brachten ihm zum Dank leuchtende Blumen dar.

„Du hast uns gerettet", sprachen sie, „wir haben sonst nichts, das wir dir schenken könnten. Iß diese Blumen, so wirst du lange leben und das Alter meiden. Wenn du uns dann alljährlich schirmst, so werden auch wir Schwestern lang am Leben bleiben."

Der Gelehrte tat nach ihren Worten und aß die Blumen. Da verwandelte sich seine Gestalt, und er ward wieder jung wie ein zwanzigjähriger Jüngling. Im Laufe der Zeit erlangte er geheimen Sinn und ward unter die Unsterblichen versetzt.

Gärten der Erinnerung

Die Erinnerung ist das einzige Paradies,
aus welchem wir nicht getrieben werden können.

Jean Paul (1763–1825)

Viele Gartenparadiese leben als vergängliche Schöpfungen der Menschen nur noch in der allgemeinen Erinnerung weiter, die durch historische Quellen und wissenschaftliche Beschreibungen, begeisterte Schilderungen in Märchen und Dichtungen sowie Illustrationen und Werke der Bildenden Kunst wachgehalten wird.

Daneben stehen auch persönliche Erinnerungen von Künstlern an ihren Garten, die durch ihre Gestaltung tief berühren können. So schweifen Gedanken nostalgisch zurück zu Kindheit und Jugend, zu Liebe und Glück, in die sich Wehmut ebenso mischen kann wie Dankbarkeit.

Die Freude an der schöpferischen Arbeit im Garten und der ästhetische Genuß seiner Pracht und seiner Farben- und Formenvielfalt bereichern und geben künstlerische Anregungen, die in die Werke von Dichtern und Malern einfließen und ihnen einen besonderen Zauber verleihen.

Gärten als Weltwunder

Gärten zählen mit zu den empfindlichsten Kulturschöpfungen überhaupt, sind sie doch ständigen Wandlungen und großen Gefahren ausgesetzt. Blickt man zurück in die Geschichte, waren Gärten stets bedroht: nicht nur durch Veränderungen, d.h. Verschlechterungen, der natürlichen Gegebenheiten wie Boden oder Klima und Katastrophen wie Dürre, Unwetter und Überschwemmungen (von der bewußten Verwüstung von Gartenanlagen durch gewalttätige oder kriegerische Einflüsse gar nicht erst zu sprechen), sondern auch viel profaner durch das Desinteresse eines neuen Besitzers, seine Unkenntnis über den Gartenbau und, daraus folgend, durch mangelnde Sorgfalt und Pflege.

Daher haben auch nur wenige Gärten die Zeiten überdauert. Meistens bestanden sie nur relativ kurz während der Regierungszeit eines bestimmten Herrschers, der sie auch hatte anlegen lassen. Die meisten herrschaftlichen Gärten sind daher schon längst im Dunkel der Geschichte verschwunden, und selbst die Erinnerungen an ihre Pracht sind immer mehr verblaßt.

Eine bemerkenswerte Ausnahme bilden die „Hängenden Gärten“ von Babylon, die auch noch von Griechen und Römern bestaunt und in der Antike sogar zu den „Sieben Weltwundern“ gezählt wurden.

Obwohl auch diese Terrassengärten inzwischen untergegangen sind, ohne eine Spur zu hinterlassen, hat sich doch der Ruhm dieser einzigartigen Anlage und ihrer verschwenderischen, bewunderungswürdigen Schönheit durch die Jahrtausende in mündlichen und schriftlichen Überlieferungen lebendig gehalten. Die Gärten Babylons gelten als der Inbegriff von schöpferischem Geist und unerhörtem Luxus. Bis heute sind sie als künstlich geschaffene „paradiesische" Orte im allgemeinen Bewußtsein geblieben – eine fast ebenso erstaunliche Tatsache, wie ihre historische Existenz an und für sich schon darstellte!

So verwundert es kaum, daß natürlich gerade auch die Gärten Babylons von Sagen umwoben sind, zumal sie entweder aus Liebe zu einer Frau oder von einer berühmten Frau selbst geschaffen worden sein sollen:

So heißt es einerseits, daß Babylons König Nebukadnezar II. (605–562 v. Chr.) diese künstlich bewässerten Dach- und Terrassengärten zur Freude seiner aus dem Bergland stammenden medischen Gemahlin Mayitis anlegen ließ, weil sie sich in der sengenden Sonne der trockenen babylonischen Ebene nach Kühle, schattigen Bäumen und der üppigen Blumenpracht ihrer Heimat sehnte, die sie schmerzlich vermißte. Dieses private „Paradies" zeugte somit von der Liebe und vom Verständnis des Herrschers und fand seinen Ursprung in technischer Perfektion und dem Genie der königlichen Ingenieure und Architekten.

Gleichzeitig besaßen diese Gärten aber auch eine starke sakrale Bedeutung, denn sie waren mit ihren Rosen, Reben, Tama-

risken und Granatapfelbäumen der Fruchtbarkeitsgöttin Ishtar geweiht.

Eine andere Überlieferung schreibt die „Hängenden Gärten" der sagenhaften Königin Semiramis zu, der Herrscherin von Assyrien, die Babylon gegründet haben soll. Daher werden sie auch immer wieder als „Gärten der Semiramis" bezeichnet, auch wenn diese Urheberschaft inzwischen äußerst zweifelhaft geworden ist.

Bis in die heutige Zeit geben die Babylonischen Gärten der Forschung weiterhin Rätsel auf: Wirklich vertrauenswürdige realistische Angaben fehlen leider auch in den vorhandenen historischen Schriften, denn aus bewundernder Erinnerung heraus wurde häufig der Versuchung nachgegeben, diese erstaunliche menschliche Schöpfung ins Phantastische übersteigert zu beschreiben. Vor allem was die Ausmaße der Anlage betrifft, wurde wohl stark übertrieben, wenn es heißt, die Gärten hätten aus einer 50 Meter hohen und 400 bis 450 Meter breiten Terrassenpyramide bestanden. Fest steht dagegen, daß auf den Terrassen Bäume und Sträucher gepflanzt waren, so daß die ganze Anlage aus der Ferne einem bewaldeten Berg glich und weithin sichtbar das Erstaunen der Reisenden wachrief, die sich in der wüstenhaft trockenen Ebene mit ihren Karawanen der Stadt näherten.

Aufschlußreich und erhellend ist vor allem der Bericht des griechischen Geschichtsschreibers Diodorus Siculus, eines Zeitgenossen Caesars und Augustus', der die „Hängenden Gärten" in der zweiten Hälfte des 1. Jahrhunderts v. Chr. zu den „Sieben Weltwundern" zählte. Seine Beschreibung vermittelt wenigstens eine ungefähre Vorstellung, wenn auch kein genaues Bild. Trotzdem liegen seine eher vagen Angaben etlichen Rekonstruktionsentwürfen zugrunde. Mehrfach wurde auch nach Überresten der

Gärten gesucht; im Jahr 1949 mutmaßten französische Archäologen, daß sich die Gärten in der Nähe des berühmten Ishtar-Tors befunden, eine 40 Meter lange Gartenfront besessen und mit einer Höhe von 21 Metern die Stadtmauern des alten Babylon überragt haben sollen.

Der „Hortulus“ des Walahfrid Strabo

Das Werk des Abtes vom Kloster Reichenau über seinen kleinen, bescheidenen Garten, den „hortulus“, ist das bedeutendste literarische Zeugnis über die Anfänge des Gartenbaus in Deutschland zu Beginn des 9. Jahrhunderts.

Walahfrid Strabo (809–849) hat durch seine Schilderung der gärtnerischen Arbeit, deren Mühen er nicht scheute, und seine Beschreibungen der liebevoll von ihm betreuten Pflanzen eine Erinnerung bewahrt, die auch nach über tausend Jahren nichts von ihrer ursprünglichen Frische und Lebendigkeit verloren hat, man liest Strabos Begeisterung aus jeder Zeile heraus. Daher stellt seine lateinische Dichtung in 444 Hexametern zugleich auch eine literarische Kostbarkeit dar.

Der Gartenbau im Kloster erfolgte zunächst aus rein nützlichen Erwägungen: Heil- und Gewürzkräuter wurden für die Versorgung der Kranken und die Küche gezogen; ebenso Rosen und Lilien, die bekanntesten Symbolpflanzen des Mittelalters, die man wegen ihrer Heilkraft, ihres erquickenden Duftes und ihrer Schönheit schätzte und daher auch zum Schmuck der heiligen Stätten und Altäre verwendete.

Strabo kennt die Vorzüge eines ruhigen und geduldigen Lebens und liebt deshalb sein Gärtchen als Ort des nützlichen Dienens und der frommen Betrachtung. Er berichtet zu Beginn seiner Dichtung von seiner eifrigen Neigung für und den eigenen Erfahrungen im Gartenbau, die ihn neben der Lektüre von „Büchern der Alten" das Notwendige lehren, um Schwierigkeiten zu überwinden. So beschreibt er zum Beispiel im zweiten Kapitel, wie er gegen Schädlinge, Unkraut und Maulwürfe vorgeht, Samen zieht und Stecklinge setzt. Seine behutsame Fürsorge schildert er im Kapitel „Eifer des Gärtners und Frucht seiner Arbeit" besonders eindrücklich:

Schließlich besprengt bisweilen ein Frühlingsregen die junge Saat, / und wechselnd erquickt der schmeichelnde Mondschein der Blätter / Zartes Gefieder. Andererseits, wenn trockene Zeiten / Weigerten etwa den Segen des Taus, dann trieben mich eifrig / Liebe zum Garten und Sorge, daß nicht die fasrigen, kleinen / Wurzeln erschlafften vor Durst, in geräumigen Krügen zu schleppen / Ströme erfrischenden Wassers und tropfenweise zu gießen / Aus den eigenen Händen, damit nicht in heftigem Schwalle / Allzu reichliche Fluten verschwemmten die keimenden Saaten. / Alsbald kleidet sich nun mit den zartesten Keimen das ganze / Gärtchen, und wenn auch ein Teil seiner Beete unter dem hohen / Dache, Regen und Tau entbehrend, verstaubt und verschmachtet, / Und wenn ein anderer Teil in dauerndem Schatten die Sonne / Flieht und vermißt, weil hindernd zur Seite hoch eine Wand den / Zugang des feurigen Himmelsgestirnes ihm neidisch verweigert – / Gleichwohl hat doch mein Garten von dem, was man einst ihm vertraute, / Nichts ohne Hoffnung auf Wachstum untätig im Boden verschlossen. / Nein, er hat, was er beinah vertrocknet empfing, in gehöhlte / Gruben versetzt, mir erstattet voll wiedererwachender Grüne, / Vielfach vermehrt in zahlreicher Frucht die Aussaat belohnend. / Nun braucht es Dichtertalent, Erkenntnis und Schönheit der Rede, / Um zu verkünden die Namen und Kräfte so reichlicher Ernte, / Daß auch das Kleine dadurch mit hoher Ehre sich schmücke.

Beeindruckend sind die Genauigkeit von Strabos Naturbeobachtung, sein Kenntnisreichtum und seine liebevolle Zuwendung zu den einzelnen Gewächsen.

Die Gärten in „1001 Nacht“

In den Erzählungen von „1001 Nacht“ wird die Erinnerung an die mit orientalischer Pracht verschwenderisch ausgestatteten Lustgärten der Kalifen und Emire bis heute lebendig gehalten. In den Märchen dienen diese Gärten als festlicher Rahmen für Vergnügungen und Zerstreuungen des Herrschers und seiner Vertrauten, aber auch für heimliche Begegnungen und Liebesabenteuer. Als schönster Garten wird der des Hārūn-ar-Rašīd (786–809), des Kalifen von Bagdad, gepriesen.

In einer Erzählung von „1001 Nacht“ gelangen Nureddin und die persische Sklavin Enis Aldjelis nach Bagdad, wo sie sich auf Ruhebänken, die vor dem Eingang zu einem verschlossenen Garten aufgestellt sind, von den Strapazen der Reise erholen wollen und bald darauf einschlafen:

Der Garten gehörte dem Kalifen Hārūn-ar-Rašīd und hieß „Der Garten der Belustigung“. Mitten in demselben stand ein Schloß, welches „Der Palast der Zerstreuung und der Bilder“ genannt wurde. Dieses Schloß hatte achtzig Fenster, mit einer Lampe an jedem, und in der Mitte stand ein großer goldener Kronleuchter. Hārūn-ar-Rašīd besuchte dieses Schloß, wenn ihn irgendein Gram drückte. Da ließ er seinen Gesellschafter Abu Ishak und mehrere Sklavinnen singen, bis sein Herz fröhlich ward und Sorge und Kummer aus demselben wich.

Es wohnte in diesem Garten niemand als ein alter Aufseher, namens Scheich Ibrahim. Wenn dieser ausgegangen war, um in der Stadt etwas zu besorgen, so fand er häufig bei seiner Zurückkunft Leute, welche in der Nähe des Gartens sich mit verdächtigen

Frauen belustigten und die Ruhe des Ortes störten. Dies verdroß den alten Mann, und er machte endlich dem Kalifen die Anzeige davon. Hārūn-ar-Rašīd gab ihm die Erlaubnis, mit jedem, den er vor der Türe des Gartens träfe, zu verfahren, wie es ihm gutdünke.

Als der Scheich Nureddin und Enis Aldjelis sieht, will er sie zuerst bestrafen, aber als er erkennt, daß sie Fremde sind, lädt er sie in den Garten ein:

„Und wem gehört dieser Garten?“ fragte Nureddin.

„Mir gehört er,“ antwortete Ibrahim, um sie nicht zu beunruhigen und dadurch vom Eintritt abzuhalten, daß er die Wahrheit sagte, „es ist ein Erbteil meiner Väter.“

Nureddin dankte ihm und machte sich mit der Sklavin auf, um dem Scheich Ibrahim in den Garten zu folgen, und was war das für ein Garten! Den Eingang bildete ein Gewölbe, über und über mit Reben bedeckt, welche rote und schwarze Trauben trugen, die roten glichen Rubinen und die schwarzen dem Ebenholz; hierauf traten sie in eine Laube, in welcher Früchte in Gruppen und einzeln sich befanden. Die Vögel sangen ihre verschiedenen Lieder auf den Zweigen, die Nachtigallen stimmten süße Melodien an, und die Turteltauben füllten den Garten mit ihrem Gegirre, der Gesang der Amsel glich einer Menschenstimme und der der Ringeltaube einem im Genusse des Weines Jauchzenden. Die Bäume waren mit reifen Früchten beladen und fanden sich paarweise von jeder Sorte. Von Aprikosen waren drei Arten da:

Kampfer-, Mandel- und Chorasan-Aprikosen. Die Pflaumen glichen den Schönen, die Kirschen erheiterten jeden Menschen, weiße Feigen wechselten mit roten ab. Die Blumen dieses Gartens waren wie Perlen und Korallen, die Röte der Rosen beschämte die Wangen der Schönen, die Veilchen glichen dem an das Feuer gebrachten Schwefel, die Myrte und die Nelke und der Lavendel standen zwischen Anemonen, die Blätter waren von den Tränen der Wolken geschmückt, die Kamille öffnete lächelnd den Mund, die Narzisse blickte mit ihren schwarzen Augen nach der Rose hin, die Orangen glichen runden Bechern und die Zitronen silbernen Kugeln, der Boden war mit allerlei Blumen bedeckt, Frühlingspracht schmückte den ganzen Garten, der Bach murmelte, die Vögel zwitscherten, und der Zephir seufzte bei milder Temperatur [...]

Mozart auf der Reise nach Prag

Eduard Mörike (1804–1875) spielt in seiner meisterhaften Künstlernovelle „Mozart auf der Reise nach Prag", die zwischen 1852 und 1855 entstanden ist, mit der Erinnerung an Gartenparadiese und den Paradiesgarten. Sie wird zum eigentlichen Motiv der Novelle, zur Ursache des „Gartenfrevels" Mozarts.

In seiner anmutig-schwermütigen Dichtung verarbeitet Mörike historische Daten und Details wie in einer Künstlerbiographie; das poetische Element hebt das Werk jedoch wohltuend von den im 19. Jahrhundert üblichen kulturhistorischen Erzählungen ab.

Während einer Rast auf seiner Reise 1787 von Wien nach Prag gerät Mozart, während seine Frau sich im Gasthof ausruht, auf einem Spaziergang mehr durch Zufall in einen herrschaftlichen

Garten, der ihm einladend freien Zutritt gewährt und zum Schauplatz seines Erlebnisses wird:

Er ging und hatte bald den kurzen Weg bis zu dem offenen Gattertor zurückgelegt, dann langsam einen hohen alten Lindengang durchmessen, an dessen Ende linker Hand er in geringer Entfernung das Schloß von seiner Fronte auf einmal vor sich hatte. Es war von italienischer Bauart, hell getüncht, mit weit vorliegender Doppeltreppe; das Schieferdach verzierten einige Statuen in üblicher Manier, Götter und Göttinnen, samt einer Balustrade.

Von der Mitte zweier großen, noch reichlich blühenden Blumenparterre ging unser Meister nach den buschigen Teilen der Anlagen zu, berührte ein paar schöne dunkle Piniengruppen und lenkte seine Schritte auf vielfach gewundenen Pfaden, indem er sich allmählich den lichteren Partien wieder näherte, dem lebhaften Rauschen eines Springbrunnens nach, den er sofort erreichte.

Das ansehnlich weite, ovale Bassin war rings von einer sorgfältig gehaltenen Orangerie in Kübeln, abwechselnd mit Lorbeer und Oleandern, umstellt; ein weicher Sandweg, gegen den sich eine schmale Gitterlaube öffnete, lief rund umher. Die Laube bot das angenehmste Ruheplätzchen dar; ein kleiner Tisch stand vor der Bank, und Mozart ließ sich vorn am Eingang nieder.

Mozarts Gedanken schweifen ab, denn die Erinnerung an eine Jugendszene in einem südlichen Garten und eine damit verbundene, aus der Vergessenheit auftauchende Melodie, der er nachsinnt, lassen ihn in der Geistesabwesenheit des Künstlers nach einer Frucht greifen:

Das Ohr behaglich dem Geplätscher des Wassers hingegeben, das Aug auf einen Pomeranzenbaum von mittlerer Größe geheftet, der außerhalb der Reihe, einzeln, ganz dicht an seiner Seite auf dem Boden stand und voll der schönsten Früchte hing, ward unser Freund durch diese Anschauung des Südens alsbald auf eine liebliche Erinnerung aus seiner Knabenzeit geführt. Nachdenklich lächelnd reicht er hinüber nach der nächsten Frucht, als wie um ihre herrliche Ründe, ihre saftige Kühle in hohler Hand zu fühlen.

Die Frucht löst sich vom Baum, und Mozart schneidet sie in zwei Hälften und erfreut sich gedankenverloren an ihrem Duft. Durch den Gärtner, der ihn mißtrauisch anspricht, wird er aus seinen

Träumen aufgeschreckt. Da es zu spät ist, die Pomeranze zu verbergen, legt Mozart sie errötend auf den Tisch. Die eher peinliche Situation spitzt sich zu, als er erfährt, daß die exotischen Früchte am Baum gezählt und für ein Fest bestimmt sind. In einem Billett an die Gräfin gesteht er seinen Frevel, den er beschämt mit dem Adams vergleicht:

„Gnädigste Frau! Hier sitze ich Unseliger in Ihrem Paradiese, wie weiland Adam, nachdem er den Apfel gekostet. Das Unglück ist geschehen, und ich kann nicht einmal die Schuld auf eine gute Eva schieben, die eben jetzt, von Grazien und Amoretten eines Himmelbetts umgaukelt, im Gasthof sich des unschuldigsten Schlafes erfreut. Befehlen Sie, und ich stehe persönlich Ihro Gnaden Rede über meinen mir selbst unfaßlichen Frevel. Mit aufrichtiger Beschämung

Hochdero untertänigster Diener
W.A. Mozart,
auf dem Wege nach Prag"

Die Anspielung auf die „verbotene Frucht" und das Paradies wird von Mörike sehr einfühlsam zur Erklärung des Vorgefallenen genutzt. Sie gewinnt im Sinne Mozarts aber eine gewisse Leichtigkeit und Heiterkeit, in der sich schließlich auch die ganze Begebenheit auflöst. Dem Dichter gelingt es, das Wesen Mozarts in seiner Unbekümmertheit, Offenheit und Herzlichkeit lebendig zu gestalten, durch die er der gräflichen Gesellschaft, die ihn als Künstler hoch schätzt, eine unverhoffte Freude durch seine Anwesenheit und die Darbietung musikalischer Kostproben aus seiner neuen Oper „Don Juan" bereitet, zu deren Einstudierung und Uraufführung er nach Prag unterwegs ist.

Die Episode im Schloßgarten, die die Handlung der Novelle eröffnet, hat für Mozart und seine Frau im Gegensatz zu Adam und Eva also höchst angenehme Folgen.

Gärten der Dichter

Der Anblick des Gartens – ein Ort ehemaliger Begegnung und beglückender Liebe – weckt wehmütige Erinnerungen an köstliche Augenblicke des Zusammenseins und Sichfindens.

Er inspirierte den Dichter Theodor Fontane (1819–1898) zu dem Gedicht:

Im Garten

Die hohen Himbeerwände
Trennten dich und mich,
Doch im Laubwerk unsre Hände
Fanden von selber sich.

Die Hecke konnt' es nicht wehren,
Wie hoch sie immer stund:
Ich reichte dir die Beeren,
Und du reichtest mir deinen Mund.

Ach, schrittest du durch den Garten
Noch einmal im raschen Gang,
Wie gerne wollt' ich warten,
Warten stundenlang.

Die Vergangenheit wird in wenigen Versen lebendig: Das gemeinsame Pflücken und Genießen von verführerischen Früchten wie Äpfeln oder Kirschen besitzt im Anschluß an das Geschehen im Paradies sowohl in der Volksüberlieferung wie in der Dichtung erotische Bedeutung. Theodor Fontane greift diese Symbolik bewußt auf und vertieft sie sogar noch, denn Himbeeren sind besonders süß und verlockend rot wie der Mund der Geliebten. Ihm gelingt damit eine zarte Anspielung auf sein „verlorenes Liebesparadies“, nach dem er sich zurücksehnt.

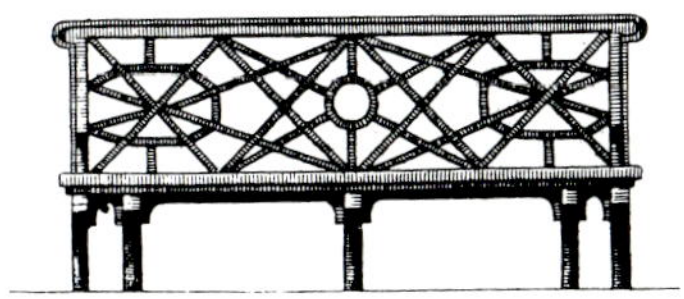

Joseph Freiherr von Eichendorff (1788–1857) kontrastiert in seiner Novelle „Aus dem Leben eines Taugenichts“, einer Ich-Erzählung voll heiterer Lebensoffenheit, das ungebundene und sorglose Wanderleben seines geigenden und singenden Helden, der in der Welt sein Glück machen möchte, mit zeitlich begrenzten Phasen des Verharrens und des beschaulichen Aufenthaltes in romantischen Gärten verschiedener Landschaften. In einer gewissen Steigerung bilden ein Schloßgarten, ein Burggarten im Gebirge und ein Garten in Rom Schauplatz und Hintergrund des Geschehens. Nachdem er eine Arbeit als Gärtnerbursche angenommen und begonnen hat, seßhaft zu werden, treiben den Helden Liebessehnsucht und Verzweiflung davon. Er erlebt die Abenteuer und Verlockungen, die Gefahren und Enttäuschungen der

Ferne und findet sein Glück und Erfüllung in der Liebe erst bei seiner Rückkehr.

Gärten, Poesie und Liebe gehören in Eichendorffs Werk, das eine lyrisch-romantische Grundstimmung ausstrahlt, untrennbar zusammen. Vom Zauber und der Erinnerung im heimatlichen Garten handelt auch sein Gedicht:

Der alte Garten

Kaiserkron und Päonien rot,
Die müssen verzaubert sein,
Denn Vater und Mutter sind lange tot,
Was blühn sie hier so allein?

Der Springbrunnen plaudert noch immerfort
Von der alten schönen Zeit,
Eine Frau sitzt eingeschlafen dort,
Ihre Locken bedecken ihr Kleid.

Sie hat eine Laute in der Hand,
Als ob sie im Schlafe spricht,
Mir ist, als hätt' ich sie sonst gekannt –
Still, geh vorbei und weck sie nicht!

Und wenn es dunkelt das Tal entlang,
Streift sie die Saiten sacht,
Da gibt's einen wunderbaren Klang
Durch den Garten die ganze Nacht.

GÄRTEN DER MALER

Für Gelehrte, Dichter, Musiker und Maler kann der Garten als Ort der Schönheit und Stille zu einem Ort werden, an dem sie sich am liebsten aufhalten, weil er ihre Gedanken und Kunst befruchtet. Ihre Werke halten die Erinnerung daran wach.

In der Bildenden Kunst werden seit Jahrhunderten Gärten dargestellt, doch meistens nur als Bildhintergrund, als Schauplatz und schöne Kulisse, ganz selten um ihrer selbst willen.

Die Bildwerke des französischen Impressionisten Claude Monet

(1840–1926), die seinen eigenen Garten zum Gegenstand haben, sind daher eine Ausnahme und ein wirklicher Glücksfall. Monet malte als erster der Impressionisten unter freiem Himmel; seine Stärke war die Landschaftsmalerei. Es war das Entzücken über den von ihm selbst angelegten Garten, das ihn zu immer neuen Bildern anregte.

Die wiederholte Abbildung ein und derselben Szene aus dem Garten, wie beispielsweise die Brücke am Seerosenteich, sollte die Eindrücke eines Augenblicks wiedergeben. Es sind wahre Impressionen, die das heitere Spiel des Lichts zu verschiedenen Tages- und Jahreszeiten und die damit verbundenen Änderungen der Stimmungen und Farben festhalten. Monet schuf bewunderungswürdige Werke über seinen Garten, den er aus einem Bedürfnis nach Beständigkeit nach seinen früheren Wanderungen, häufigen Ortswechseln und großen Entbehrungen wohl besonders liebte. Seine Bilder sind lebendige Erinnerungen an vergängliche Schönheit, ein Sieg des Ewigen über das in der Zeit Flüchtige.

Gärten der Hoffnung

Nach einer Prüfung kurzer Tage
Erwartet uns die Ewigkeit.

Christian Fürchtegott Gellert (1715–1769),
„Trost des ewigen Lebens“

Die Jenseitsvorstellungen vieler Völker verbinden sich mit dem Bild eines überirdisch schönen Gartens, der der Aufenthaltsort der Seligen ist. Für Ägypter, Araber und Perser ist das Jenseits ein schattiger Garten voller Friede, Kühle, Blumenduft und Vogelsang, eine Oase ewigen Frühlings, der Entrückung und immerwährenden Freude.

Nach christlichem Volksglauben ist das himmlische Paradies ein großer Garten, in dem alles schöner und prächtiger als auf Erden blüht, und in den Heilige und selig Verstorbene versetzt werden. Christus gilt als „Meister der Blumen“ und „Himmelsgärtner“, der dort die menschlichen Seelen liebevoll pflegt und betreut.

Die Gärten Allahs werden im Koran gepriesen und den Gottesfürchtigen nach ihrem Tode verheißen. Dort erwarten sie große Freuden und köstliche Genüsse, schattige Bäume und sprudelnde Quellen, erotische Abenteuer mit unberührten schönen Mädchen und alle nur erdenklichen Wonnen.

Auch Legendenmärchen führen die Frommen und Unschuldigen ins Paradies, in den Garten Gottes, wo sie kurz verweilen oder für ewig in den Jubelgesang einstimmen dürfen.

Sommergesang

Eine lichte, blühende Frühlingslandschaft oder ein prächtiger Sommergarten werden immer wieder als „paradiesisch“ empfunden und erneuern dem Gläubigen Jahr für Jahr die Hoffnung auf noch größere Wonnen im himmlischen Garten.

Als Lobpreis der Schöpfung und der Freude an der Natur schrieb Paul Gerhardt (1607–1676) im Jahr 1656 in volkstümlicher Schlichtheit sein bekanntes Lied „Sommergesang“:

1. Geh aus, mein Herz, und suche Freud
In dieser lieben Sommerzeit
An deines Gottes Gaben;
Schau an der schönen Gärten Zier,
Und siehe, wie sie mir und dir
Sich ausgeschmücket haben.

2. Die Bäume stehen voller Laub,
Das Erdreich decket seinen Staub
Mit einem grünen Kleide,
Narzissus und die Tulipan,
Die ziehen sich viel schöner an,
Als Salomonis Seide.

In innigem Gottvertrauen dient dem Dichter irdisches Erleben und Glücksgefühl zum Zweck religiöser Erbauung, indem er die Beziehung zu den unbeschreiblichen Freuden des himmlischen Paradieses herstellt, nach denen er dann einige Strophen später fragt:

9. Ach, denk ich, bist Du hie so schön,
Und läßt Du's uns so lieblich gehn
Auf dieser armen Erden,
Was will doch wohl nach dieser Welt
Dort in dem reichen Himmelszelt
Und güldnen Schlosse werden?

10. Welch hohe Lust, welch heller Schein
Wird wohl in Christi Garten sein?
Wie muß es da wohl klingen,
Da so viel tausend Seraphim
Mit unverdroßnem Mund und Stimm
Ihr Allelujah singen?

Die Hoffnung, dorthin zu gelangen und mit Gottes Hilfe zu den Erwählten zu gehören, wird in den letzten Strophen angedeutet:

14. Mach in mir Deinem Geiste Raum,
Daß ich Dir werd ein guter Baum,
Und laß mich wohl bekleiden;
Verleihe, daß zu Deinem Ruhm
Ich Deines Gartens schöne Blum
Und Pflanze möge bleiben.

15. Erwähle mich zum Paradeis
Und laß mich bis zur letzten Reis
An Leib und Seele grünen:
So will ich Dir und Deiner Ehr
Allein und sonsten keinem mehr
Hier und dort ewig dienen.

Die Gärten Allahs

In der Religion und Kultur des Islam, der jüngsten der großen monotheistischen Weltreligionen, sind Gärten sowohl für das Diesseits als auch das Jenseits als Orte der Erholung, der Wonne und des Friedens unentbehrlich und überaus bedeutsam.

Ausgehend von der Beschreibung des Paradiesgartens (1 Mos 2,10), aus dem sich die vier Hauptflüsse teilen, besitzen islamische Gärten eine Anlage mit vier nach den einzelnen Himmelsrichtungen ausgerichteten Wasserläufen. Besonders dort, wo ein Grabmal das Zentrum des Gartens bildet, sind diese Läufe so angelegt, als entsprängen sie, Sinnbilder der vier segensreichen Flüsse, direkt aus dem Grab.

Der Koran, das heilige Buch des Islam, enthält die göttlichen Offenbarungen Allahs, die seinem Propheten Mohammed (570–632) seit 611 in Visionen und Auditionen zuteil wurden, und gilt den Moslems als das niedergeschriebene Wort Gottes. Häufig ist darin von Gärten, Brunnen mit frischem, klarem Wasser und Flüssen im Hinblick auf den Garten Eden und das Paradies die Rede, die den Gläubigen nach seinem Tod erwarten. Jüdische, christliche und gnostische Einflüsse auf Sprache und Inhalt sind dabei unverkennbar, was nicht verwundert, denn Mohammed war vor seiner Berufung auf seinen Handelsreisen als Kaufmann mit diesen religiösen Vorstellungen in Berührung gekommen.

Der Koran hat eine eschatologische Zielsetzung; er enthält die Glaubenslehren und religiösen Pflichten des Islam und behandelt die Frage nach dem Endschicksal des einzelnen Menschen und der Welt. Die 114 Suren, die Abschnitte, aus denen er sich zusammensetzt, wurden von Mohammed selbst oder seinen Schreibern und – nach seinem Tod – seinen Gefährten aus der Erinnerung notiert. Das Niedergeschriebene ist jedoch nur die Gedächtnisstütze zur Rezitation, denn allein der feierliche mündliche Vortrag vor einer Zuhörerschaft, das „Qur'an", das dem Koran seinen Namen gegeben hat, kann das offenbarte Wort Gottes würdig wiedergeben. Was den Christen das Evangelium bedeutet, das ist den Moslems der Koran, in dem Jesus ebenfalls eine Rolle spielt, zwar nicht als Sohn Gottes, aber doch als bevorzugter Prophet Allahs, der wie seine Mutter Maria hoch verehrt wird.

Dem gläubigen Moslem sind die Paradiesgärten eine verlockende Jenseitswelt. Sie befinden sich im „Siebenten Himmel", dort, wo auch der Thron Allahs steht. Vor allem den im Kampf für Allah gefallenen Moslems werden im Koran die Freuden der Gärten als Belohnung versprochen: Sie werden unmittelbar ins Paradies eingehen. In mehreren Suren wird auf die ungeahnten Freuden in den göttlichen Gärten hingewiesen. Nach dem Endgericht stehen sie selbst Sündern, die bereuen, offen, denn „Allah ist barmherzig".

In der 55. Sure werden vier Gärten Allahs in all ihrer Schönheit geschildert: Die gottesfürchtig Verstorbenen erwarten wasserreiche Quellen, üppig grüne Bäume, Früchte wie Datteln und Granatäpfel, golddurchwirkte Seidenkissen und wunderschöne Jungfrauen. Jedoch besteht ein Unterschied: In zwei der vier Gärten ist alles in noch größerem Überfluß vorhanden als in den beiden anderen. Den Exegeten des Islam zufolge, sind die beiden Gärten, die weniger an Pflanzen und Früchten hervorbringen, für die geringeren Klassen bestimmt.

Die 56. Sure trägt die Überschrift „Der Unvermeidliche", eine Bezeichnung für den Jüngsten Tag mit dem Endgericht, dem keiner entgehen kann. Die Propheten, die sich zuerst zum Islam Be-

kehrten und die Frommen gelangen ins Paradies, das sehr ausführlich beschrieben wird:

(1) Im Namen Allahs, des Allbarmherzigen.
(2) Wenn der Unvermeidliche eintreffen wird,
(3) dann wird keine Seele mehr dessen Eintreffen leugnen.
(4) Er erniedrigt und erhebt.
(5) Wenn die Erde heftig erschüttert wird
(6) und die Berge in Stücke zerschmettert
(7) und wie dünner zerfliegender Staub werden,
(8) dann werdet ihr in drei Klassen geteilt:
(9) Gefährten der rechten Hand (und wie glückselig sind die Gefährten der rechten Hand!)
(10) und Gefährten der linken Hand (und wie unglückselig sind die Gefährten der linken Hand!),
(11) und die zuvorderst anderen im Guten vorangegangen sind,
(12) die werden allen auch in das Paradies vorangehen. Diese werden Allah am nächsten sein
(13) und in wonnevollen Gärten wohnen.
(14) Die meisten davon sind aus der früheren
(15) und nur wenige aus der späteren Zeit.
(16) Sie werden auf Kissen ruhen, welche mit Gold und edlen Steinen geschmückt sind.
(17) Sie lehnen einander gegenüber.
(18) Jünglinge in ewiger Jugendblüte werden, um ihnen aufzuwarten,
(19) sie mit Bechern, Kelchen und Schalen voll fließenden Weines umkreisen,
(20) der den Kopf nicht schmerzen und den Verstand nicht trüben wird,

(21) und mit Früchten, von welchen sie nur wählen,
(22) und mit Fleisch von Geflügel, wie sie es nur wünschen können.
(23) Und Jungfrauen mit großen schwarzen Augen,
(24) gleich Perlen, die noch in ihren Muscheln verborgen sind,
(25) bekommen sie als Lohn ihres Tuns.
(26) Weder eitles Geschwätz noch irgendeine sündige Rede werden sie dort hören,
(27) sondern nur den Ruf: „Friede! Friede!“
(28) Und die Gefährten der rechten Hand (und wie glückselig sind die Gefährten der rechten Hand!)
(29) werden unter dornenlosen Lotusbäumen
(30) und schön geordneten Talhabäumen wohnen,
(31) und unter ausgebreiteten Schatten,
(32) und bei einem immer fließenden Wasser,
(33) und mit Früchten im Überfluß,
(34) die nie weniger und nie verboten werden.
(35) Bei Huris werden sie wohnen, auf erhöhten Kissen gelagert,
(36) Frauen, durch eine besondere Schöpfung geschaffen,
(37) wir machten sie zu Jungfrauen,
(38) von ihren Gatten, welche in gleichem Alter mit ihnen sind, stets gleichgeliebt [...]

Die Huris sind besonders zauberhafte Wesen, denn sie altern und gebären nie, bleiben ewig schön und stets im Zustand der Jungfräulichkeit. Sie locken die Frommen wohl noch mehr als alle sonstigen Genüsse und Freuden im Paradies. Um diese besonders zu betonen, folgt als Kontrast die Schilderung der Höllenqualen, die die Gefährten der linken Hand, also die unglücklich Verdammten, für alle Ewigkeit erwartet.

Welche Bedeutung die Ströme im Paradies für die Erwählten besitzen, wird in der 47. Sure offenbart:

(16) So seht das Bild des Paradieses, das den Gottesfürchtigen verheißen ist: In diesem fließen Ströme von Wasser, das nie verdirbt; Ströme von Milch, deren Geschmack sich nie ändert; Ströme von Wein, lieblich für die Trinkenden; auch Ströme von gereinigtem Honig. Dort werden sie alle Arten von Früchten und Vergebung von ihrem Herrn erhalten.

Die letztgenannte Stelle erinnert in ihrer, der Dichtung des Vorderen Orients entsprechenden, phantasievoll übertreibenden Darstellung an ähnliche Züge in abendländischen Märchen, in denen der Held mehrere Flüsse unterschiedlicher Farbe überqueren muß, um ins Paradies zu gelangen.

Der Bettler

In dem serbokroatischen Legendenmärchen „Der Bettler“ wird ebenfalls von einer Jenseitsreise ins Paradies erzählt. Gott erscheint unerkannt als Bettler auf Erden und wird, nachdem er für sich, sein Pferd und seinen Karren keine Herberge gefunden hat, liebevoll von einem gottesfürchtigen Armen aufgenommen, bei dem er Unterkunft und zu essen bekommt. Am nächsten Morgen lädt er seinen Gastgeber zu sich nach Hause ein und verläßt ihn dann:

Als der Bettler gegangen war, ging der Arme in den Stall, um ihn zu reinigen. Drinnen sah er im ausgestreuten Stroh etwas glänzen. Er hob vier goldene Hufeisen auf. Das wird sicher vom Pferd des Bettlers sein. Der Arme sann nach: „Lieber Gott! So ein Bettler, aber sein Pferd beschlägt er mit Gold? Das muß eine Versuchung sein! Diese Hufeisen werde ich aufbewahren, damit ich sie dem Bettler zurückgeben kann, wenn er wieder hierherkommt, oder wenn ich zu ihm gehe." Der Arme ging auf den Schuppen zu, da lagen auf der Erde zwei silberne Nabenstifte. „Schau! Das muß vom Wagen des Bettlers sein. Wie konnte ihm das nur herausfallen? Jetzt kann er noch unterwegs verunglücken, ein Rad kann sich loslösen, und die Achse kann ihm brechen." Wieder sann der Arme: „Mein Gott! Ein sonderbarer Bettler, wenn er silberne Nabenstifte an seinem Wagen hat! Vielleicht ist er ein heimlicher Edelmann, ein Müßiggänger, vielleicht ein Prinz oder just der König selbst."

Der Arme legte auch die silbernen Nabenstifte zu den Hufeisen. Beim Schuppen erblickte er die Räderspur des Bettlerwagens, auch sie glänzte, als ob sie versilbert sei. So war diese Räderspur über den Hof zu sehen und noch draußen weiter. „Mein Gott! Ein sonderbarer Bettler!" dachte er bei sich.

Nachdem der Arme seinen Halbbrüdern von der seltsamen Begebenheit erzählt hat, machen diese sich neugierig auf den Weg. Doch alles Gold und Silber, das sie auf ihrer Reise finden und stehlen, verwandelt sich bei ihrer vorzeitigen Rückkehr in Dinge ohne Wert, und sie stehen mit leeren Händen da. Da sie sich nun ihrer Habgier schämen, erzählen sie ihrem armen Bruder nichts von ihren Erlebnissen.

Nach einer langen Zeit, der Arme ist alt und einsam geworden, beschließt er endlich, sich zum Bettler aufzumachen, indem er der silbernen Wagenspur, die die Zeit überdauert hat, folgt:

Auch er kam der Reihe nach über alle Brücken und sah alles, was auch seine beiden Brüder gesehen hatten. Alles war noch so wie einst. Der Arme war ein ehrlicher Mensch. Um nichts in der Welt hätte seine Hand nach fremdem Gut gegriffen, und sein Verstand konnte ihn nicht zum Stehlen verleiten, so wie seine Brüder die silbernen und goldenen Brückenplanken begehrt hatten. Langsam fuhr er auf seinem Wagen weiter und weiter und gelangte an eine seltsame Mauer, an eine weit ausgedehnte Wand, ihr Ende konnte man mit dem Auge nicht fassen. Die Mauer war hoch und aus Edelsteinen gebaut, so daß man sie nicht anschauen konnte, so gleißte und strahlte sie. In der Mauer war ein großes Tor, und alles an ihm war pures Gold und Edelgestein: weißes und rotes, gelbes und grünes und jeglicher Farbe. Das Tor war gestaltet wie im Traum und Märchen.

Der Arme riß die Augen auf. Er konnte nicht genug staunen und sich satt schauen. Das Tor war zu. Er saß von seinem Wagen ab, ließ den Esel auf die Weide, seinen Wagen zog er an die Mauer beim Tor und nahm seine Tasche herunter. In der Tasche waren die goldenen Hufeisen und die silbernen Nabenstifte. Er ging ans Tor, schob den Riegel zurück, und das Tor öffnete sich.

Wenn du nun hundert Augen hättest, könntest du dich nicht an dem satt sehen, was es da zu sehen gibt. Ein großer Garten, du kannst sein Ende mit dem Auge nicht fassen. Im Garten allerlei Obst. Die einen Obstbäume in Blüte, die anderen in Frucht. Hier stehen so schöne Bäume, daß du dich an ihrer Schönheit nicht satt sehen kannst, und ihrer ist keine Zahl, so viele sind es. Hier sind Blumen, der gütigste Gott selbst war es, der sie erschaffen hat. Alles duftet, daß du vor Wohlbehagen sterben möchtest. Hier sind Wälder, Haine, Auen, Hügel und Wasserquellen. Das Wasser in jedem Brunnen ist klar wie eine Träne und entspringt aus Edelgestein. In den Bäumen singen schöne Vögel, wie sie der Arme noch nicht gesehen hat. Man könnte ihnen bei Hunger und Durst zuhören, so schön singen sie.

Der Arme befand sich im größten Wunder. Er wußte nicht, ob er wache oder träume, ob er am Leben sei oder tot. Nach allen Seiten schaute er sich um, dann ging er langsam weiter durch den Garten und hielt sich immer an die silberne Wagenspur. Er ging lange durch Obstgärten, durch Blumengärten, durch Wälder und Haine, durch Auen und Pflanzgärten. Er war nicht hungrig, nicht durstig, nicht müde, so schön dünkte ihn alles, so angenehm und lieblich, vor Freude rannen ihm Tränen aus den Augen. Der Arme hielt hier an und dort an, besah bald dieses, bald jenes, horchte, ging weiter, und sieh da – da trat vor ihm aus dem Gehölz und Gebüsch jener Bettler, den er mit dem Pferd und Wägelchen beherbergt hatte.

Erfreut begrüßen sich die beiden. Der Arme gibt dem Bettler die Hufeisen und Nabenstifte zurück und bittet ihn dann, überwältigt von der Schönheit des Paradieses, noch eine Weile bleiben zu dürfen, immer noch ohne zu wissen, wo er sich eigentlich befindet.

Als sein Besuch endet und der Arme in seine Heimat zurückkehrt, findet er aber alles, wegen der „Eile der Zeit“, die im Paradies herrscht, verändert vor, keiner kennt ihn mehr, so daß er nur die Möglichkeit sieht, in den Garten des Paradieses zurückzukehren.

DER HIMMLISCHE GARTEN

Wer zu Gott und seiner allumfassenden Liebe im himmlischen Paradies gelangt, erwacht dort zu immerwährender Freude und Glückseligkeit.

Ein unschuldig gestorbenes Kind erfährt dies wie im Traum durch einen Engel, der es sanft geleitet und mit ihm herrliche Blumen aus den irdischen Gärten auswählt, die im Himmel noch schöner blühen sollen. Gerade auch mißhandelte und verachtete Blumen, denen Gott ein gesegnetes Wachsen und Gedeihen im himmlischen Garten schenken wird, gilt dabei ihre besondere Aufmerksamkeit.

In seiner Erzählung „Der Engel“, die viel Tröstliches enthält, gestaltet Hans Christian Andersen diese Jenseitshoffnungen:

Jedesmal, wenn ein gutes Kind stirbt, kommt ein Engel Gottes zur Erde hernieder, nimmt das tote Kind auf seine Arme, breitet die großen, weißen Flügel aus, fliegt hin über alle die Plätze, welche das Kind so liebgehabt hat, und pflückt eine ganze Handvoll Blumen, welche er zu Gott hinaufbringt, damit sie dort noch schöner als auf der Erde blühen. Der liebe Gott drückt alle Blumen an sein Herz, aber derjenigen Blume, welche ihm die liebste ist, gibt er einen Kuß, und dann bekommt sie eine Stimme und kann in der großen Glückseligkeit mitsingen!“

Sieh, alles dieses erzählte ein Engel Gottes, indem er ein totes Kind zum Himmel forttrug, und das Kind hörte es wie in einem Traum; und sie fuhren hin über die Stätten in der Heimat, wo der Kleine gespielt hatte, und sie kamen durch Gärten mit herrlichen Blumen.

„Welche wollen wir nun mitnehmen und in den Himmel verpflanzen?" fragte der Engel.

Und da stand ein schlanker, herrlicher Rosenstock, aber eine böse Hand hatte den Stamm geknickt, so daß alle Zweige voll von großen, halb aufgesprungenen Knospen rundherum vertrocknet hingen.

„Der arme Rosenstock!" sagte das Kind. „Nimm ihn, damit er dort oben bei Gott zum Blühen kommen kann!"

Und der Engel nahm ihn, küßte das Kind dafür, und der Kleine öffnete halb seine Augen. Sie pflückten von den reichen Prachtblumen, nahmen aber auch die verachtete Butterblume und das wilde Stiefmütterchen mit.

„Nun haben wir Blumen!" sagte das Kind, und der Engel nickte, aber er flog noch nicht zu Gott empor. Es war Nacht, es war ganz still; sie blieben in der großen Stadt, sie schwebten durch eine der schmalen Gassen, wo die ganzen Haufen von Stroh, Asche und Kehricht lagen; es war Umziehtag gewesen. Da lagen Scherben von Tellern, Gipsstücke, Lumpen und alte Hüte, was alles nicht gut aussah.

Und der Engel zeigte in all diesem Wirrwarr hinunter auf einige Scherben eines Blumentopfes und auf einen Klumpen Erde, der herausgefallen war und von den Wurzeln einer großen, vertrockneten Feldblume, welche nichts taugte, und die man deshalb auf die Gasse geworfen hatte, zusammengehalten wurde.

„Die nehmen wir mit!" sagte der Engel. „Ich werde dir erzählen, warum, während wir weiterfliegen!"

Und sie flogen weiter, und der Engel erzählte: „Dort unten in der schmalen Gasse, in dem niedrigen Keller, wohnte ein armer, kranker Knabe; von Kindheit an war er immer bettlägerig gewesen; wenn er am gesundesten war, konnte er auf Krücken in der kleinen Stube ein paarmal auf und nieder gehen; das war alles. An einigen Tagen im Sommer drangen die Sonnenstrahlen während einer halben Stunde bis auf den Flur des Kellers; und wenn dann der arme Knabe dasaß und sich von der Sonne bescheinen ließ und das rote Blut durch seine feinen Finger sah, die er vor das Antlitz hielt, dann hieß es: ‚Ja, heute ist er ausgewesen!' Er kannte den Wald in seinem herrlichen Frühlingsgrün nur dadurch, daß ihm des Nachbars Sohn den ersten Buchenzweig brachte, und den hielt er über seinem Haupte und träumte dann, unter Buchen zu sein, dort, wo die Sonne schien und die Vögel sangen.

An einem Frühlingstag brachte ihm des Nachbars Knabe auch Feldblumen, und unter diesen war zufällig eine mit der Wurzel, und deshalb wurde sie in einen Blumentopf gepflanzt und dicht am Bett an das Fenster gestellt. Und die Blume war von glücklicher Hand gepflanzt; sie wuchs, trieb neue Schößlinge und trug jedes Jahr ihre Blüten. Sie wurde des kranken Knaben herrlichster Blumengarten, sein kleiner Schatz hier auf Erden; er begoß und pflegte sie und sorgte dafür, daß sie jeden Sonnenstrahl bis zum letzten, welcher durch das niedrige Fenster hinunterglitt, erhielt; und die Blume selbst verwuchs in seine Träume, denn für ihn blühte sie, verbreitete sie ihren Duft und erfreute sein Auge; zu ihr wendete er sich im Tode, als der Herr ihn rief.

Ein Jahr ist er nun bei Gott gewesen; ein Jahr hat die Blume vergessen im Fenster gestanden und ist verdorrt; sie wurde deshalb beim Umziehen in den Kehricht hinaus auf die Straße geworfen. Und dies ist die Blume, die arme, vertrocknete Blume, welche wir mit in unsern Blumenstrauß genommen haben, denn diese Blume hat mehr Freude gewährt als die reichste Blume im Garten einer Königin!"

„Aber woher weißt du das alles?“ fragte das Kind, welches der Engel gen Himmel trug.

„Ich weiß es!“ sagte der Engel. „Denn ich war selbst der kleine kranke Knabe, welcher auf Krücken ging! Meine Blume kenne ich wohl!“

Und das Kind öffnete seine Augen ganz und sah in des Engels herrliches, frohes Antlitz hinein; und in demselben Augenblick befanden sie sich in Gottes Himmel, wo Freude und Seligkeit war. Und Gott drückte das tote Kind an sein Herz, und da bekam es Flügel wie der andere Engel und flog Hand in Hand mit ihm. Und Gott drückte alle Blumen an sein Herz; aber die arme, verdorrte Feldblume küßte er; und sie erhielt eine Stimme und sang mit allen Engeln, welche Gott umschwebten, einige ganz nahe, andere um diese herum in großen Kreisen und immer weiter und weiter, in das Unendliche, aber alle gleich glücklich. Und alle sangen sie; kleine und große; das gute, gesegnete Kind und die arme Feldblume, welche verdorrt dagelegen hatte, hingeworfen in den Kehricht, unter dem Unrat des Umziehtages, in der schmalen, dunklen Gasse.

Nachwort

Zur Geschichte der Gärten

In der schöpferischen Gestaltung von Gärten versuchen die Menschen, ihrem Traum vom Paradies möglichst nahezukommen – und dies bereits seit Jahrtausenden!

Im Garten berühren sich Natur und Kunst, deren geglückte Synthese eine echte Kulturleistung darstellt. Neben allem praktischen Nutzen steht auch das Vergnügen am Ästhetischen. Indem der Mensch planend, ordnend, pflegend und schützend in den Wildwuchs eingreift und ihn veredelt, gewinnt sein Wunsch nach „gezähmter“ Natur im Garten einen sichtbaren Ausdruck. Realitätssinn und Phantasie des Gärtners lassen bei mühevoller, doch befriedigender Arbeit und geduldigem Fördern des Wachstums ein überschaubares Reich voller Schönheit und Stille, Harmonie und Frieden entstehen, ein üppig gedeihendes Wunder an Blüten und Blumen, Bäumen und Früchten in berauschenden Farben und Düften und einer zauberhaften Vielfalt der Gewächse.

Gärten sind lebendige und daher wandelbare, aber auch in vielfältiger Weise gefährdete und darum vergängliche Schöpfungen, die vor allem auf den Höhepunkten historischer Epochen in höchster Blüte stehen und deshalb von jeher *das* „Symbol der Kultur“ gewesen sind.

Im Lauf ihrer Geschichte zeigen sich Gärten in immer neuer Gestalt: Ihre Anlage muß sich den jeweils geographischen und

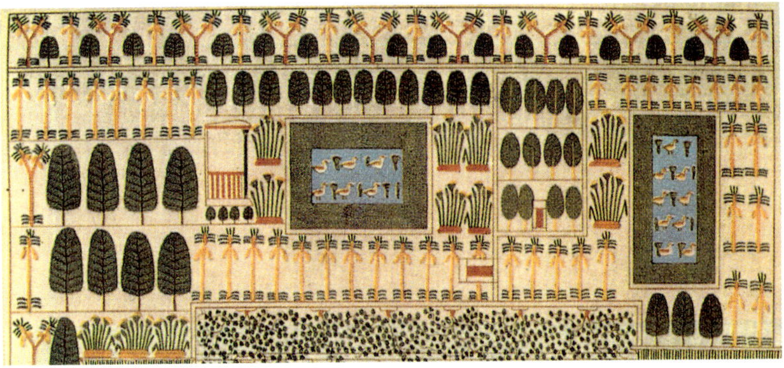

klimatischen, religiösen, sozialen und politischen Bedingungen sowie dem allgemeinen Zeitgeist mit unterschiedlichen Geschmacks- und Stilrichtungen anpassen. Die Kreativität der Menschen erweist sich dabei als unerschöpflich.

Die erste Nachricht über eine, vermutlich aber schon viel früher bestehende, Gartenkultur in Ägypten stammt aus der Mitte des 3. Jahrtausends v. Chr.: Methen, der Statthalter über das nördliche Deltagebiet des Nils, ließ die Beschreibung seines Gartens und den Ausdruck seiner Freude darüber in Hieroglyphen an den Mauern seines Grabes festhalten. Ein See in der Mitte des symmetrisch angelegten Gartens und der Schatten der Bäume sorgten für Kühlung und Wohlbefinden; Früchten und Blumen, die als Geschenk der Gottheit empfunden wurden, galten Bewunderung und Genuß. Für den Ägypter gab es daher nichts Wünschenswerteres, als sich auch nach dem Tod in einem solchen Garten aufhalten zu können.

Die rituelle und religiöse Bedeutung von Blumen und Gärten förderte die sehr frühe Entwicklung der ägyptischen Gartenbaukunst und war gleichzeitig überhaupt ihre Voraussetzung. Außerdem begünstigten der durch die Überschwemmungen des Nils fruchtbare Boden, das warme Klima, viele Arbeitskräfte zur notwendigen Bewässerung, vor allem aber Perioden relativer Sicherheit und Ruhe den Fortbestand der Gartenkultur Ägyptens.

Die Bewohner von Mesopotamien schufen sich mit Hilfe ausgeklügelter Bewässerungsanlagen ausgedehnte Dach- und Terrassengärten als künstliche Paradiese. Die „Hängenden Gärten“ von Babylon (vgl. S. 74ff) waren dafür das berühmteste Beispiel. Die Assyrer, deren Königin Semiramis Babylon gegründet haben soll, bevorzugten dagegen der Landschaft angepaßte große Jagd- und Tierparks.

Für die weitere Entwicklung der Gartenkunst erwiesen sich vor allem die persischen Gärten als höchst bedeutsam und vorbildhaft. Diese Tempel- und Landschaftsgärten waren neben regelmäßig bepflanzten Terrassen als Lustgärten angelegt. Sie inspirierten jahrhundertelang die Gärten anderer Völker, auch die der europäischen, weil sich die Vorstellungen von wahren Märchen- und Zaubergärten, ja von irdischen Paradiesen, mit ihnen verbanden. Sie sollen über eine bis dahin ungekannte Blumenfülle verfügt haben, da die Perser auch seltene Pflanzen kultivierten, die an günstigen und geschützten Stellen ihres kontrastreichen Landes wild wuchsen. Durch die persischen Blumenteppiche und die Miniaturmalerei, die von der Gartenkunst nachhaltig beeinflußt wurden, sind die besonderen Merkmale persischer Gartenkultur tradiert worden.

Im antiken Griechenland waren neben kleineren privaten, von Säulengängen umgebenen Gartenhöfen am Haus die großen öffenlichen Gartenanlagen an Tempeln, Palästen und Gymnasien charakteristisch. Homer gibt hierfür im 24. Gesang seiner „Odyssee" ein literarisches Zeugnis: In der Beschreibung des heimatlichen Gartens und der darin blühenden Bäume, die ihm als Knabe geschenkt wurden, und die er liebte, gibt sich Odysseus seinem betagten Vater Laërtes zu erkennen, den er bei seiner Rückkehr von Troja als Gärtner antrifft, nachdem man diesen von seinem Ehrenplatz im Palast vertrieben hatte – im übrigen ein Motiv, das auch im Märchen begegnet, wenn von einer ehemals hochgestellten Persönlichkeit berichtet wird, die als Gärtner arbeitet.

Seit dem 2. Jahrhundert v. Chr. wurde dieses Schicksal für manche gebildete und kultivierte Griechen bittere Wirklichkeit: Als römische Sklaven wurden sie von ihren neuen Herren wegen ihrer Geschicklichkeit und ihrer überlegenen Kenntnisse des Gartenbaus als Gärtner eingesetzt, was auch schwere körperliche Arbeiten einschloß und eine zusätzliche Demütigung bedeuten mußte.

Die Römer ahmten zuerst nach, was sie auf ihren Eroberungszügen in Kleinasien gesehen hatten. Sie ließen Villengärten anlegen, förderten öffentliche Anlagen in den Städten und schufen da-

neben auf ihren großen Landsitzen zur Erholung und für Lustbarkeiten luxuriöse Gartenanlagen, die mit Wasserkünsten und Bildwerken ausgestattet wurden. Zahlreiche Berichte, wie beispielsweise von Plinius d. Ä. († 79. n. Chr.) und seinem Neffen Plinius d. J. (um 100 n.Chr.), zeugen ebenso wie die Wandmalereien im zerstörten Pompeij von der Liebe der Römer zur Natur, die man zwar noch in Göttern verehrte, aber bereits auch wissenschaftlich zu studieren suchte, und von der Gartenkunst im privaten Bereich, die natürlich von der Pracht der kaiserlichen Gärten noch bei weitem übertroffen wurde.

Die hellenistische Spätantike und Persien beeinflußten ihrerseits auch die Gärten des Islam: Fruchtbäume, Blütensträucher, Wasserspiele, umrankte Pergolen, Gartenhäuser an den Schnittpunkten der bepflanzten Wege und Vogellauben, aus denen liebreicher Gesang ertönte, verliehen ihnen einen besonderen Reiz. Nutz- und Ziergärten wurden durch oberirdische Wasserleitungen mit genügend Feuchtigkeit und Kühle versorgt.

Durch die Mauren gelangte diese Gartenkunst bis nach Spanien, wo besonders die Stadt Granada für den Zauber ihrer Gartenanlagen gerühmt wurde.

Sogar die Gärten Indiens wurden von denen des Islam beeinflußt; durch die Mongolen kamen diese neuen Impulse ins Land. Der Schloßgarten in Dehli zeigte viele der neuen Merkmale.

In China hingegen entwickelte sich völlig unabhängig davon ein malerisch-landschaftlicher Gartenstil. Er zog alle Naturvorgaben wie Felsen, Wasserfälle, Gehölze und wild wachsende Pflanzen mit ein, fügte aber in die Gesamtkomposition auch Gebäude, Pavillons, Brücken und Gemäuer ein, wobei deren Spiegelung im Wasser, das ebenfalls nie fehlen durfte, berechnet war, um die illusionistische Wirkung des Ganzen noch zu erhöhen.

Die kaiserlichen Gärten, die dem einfachen Volk verschlossen blieben, besaßen riesige Ausmaße. Ihre Pracht und Exotik erschienen in den Schilderungen abendländischer Reisender traumhaft unwirklich oder gar unglaubwürdig, trügerisch und märchenhaft, da man sie sich einfach nicht vorzustellen vermochte.

Japanische Landschaftsgärten, die nach strengen Regeln angelegt wurden, spiegelten die Welt im kleinen. Ihre Einzelelemente Wasser, Strand und Inseln, Wege, Brücken und Steine, ausgewählte Bäume und Sträucher besaßen einen religiös-zeremoniellen Charakter. In ihnen fanden sich sogar Anspielungen auf das Paradies, das versprochene Land, das sich auf drei entfernten Inseln befinden sollte. Diese Vorstellung beruhte auf chinesischen Einflüssen. Die Lustgärten der Adeligen besaßen daher meistens einen See mit „elysischen Inseln" oder Inselhügel in Form einer Schildkröte oder eines Kranichs, den Symbolen für langes Leben, die zudem mit Pinien, den Lebensbäumen, bepflanzt waren.

Nächtliche Besuche der Gärten waren in Japan wie in China beliebt, woran Dichtungen über Kirschblüten im Mondschein und raschelndes Laub in der Dunkelheit seit dem Mittelalter immer wieder erinnern.

Die Geschichte der Gärten in Westeuropa begann erst im Mittelalter, das zugleich die Blütezeit der Gartenkultur des Orients darstellt, die zu diesem Zeitpunkt, wie oben dargelegt, bereits Jahrtausende zurückreichte. Der Untergang des Weströmischen Reiches und die Völkerwanderung führten zum Untergang der Gartenkunst der Spätantike, die Seßhaftigkeit, Frieden, Wohlstand und kulturelle Beständigkeit zur Voraussetzung hatte. Seit dem frühen Mittelalter gab es aus wirtschaftlich-nützlichen Erwägungen bescheidene Anfänge des Gartenbaus. Die ersten Schilderungen und Dokumente stammen aus der Zeit Karls des

Großen um 800, sie berichten von reinen Nutzgärten. So ist im „Capitulare de villis", den um 795 erlassenen Bestimmungen für die Bewirtschaftung der Krongüter Karls, der Anbau von 73 verschiedenen Pflanzen und Obstbäumen vorgeschrieben.

Für die Klostergärten wurde der „Klosterplan von St. Gallen", um 816 entstanden, zum Vorbild und Ideal. Er weist neben den Kirchen und Gebäuden innerhalb der Mauern drei Gärten auf: den Kräutergarten („herbularius") zum Wohle der Kranken, den Gemüsegarten („hortus") zur Bereicherung der Speisen, und den Obstgarten mit den Mönchsgräbern, in dem sich in dieser doppelten Funktion auf ideale Weise Leben und Tod verbinden.

Das bedeutendste Zeugnis des frühen Gartenbaus in Deutschland und gleichzeitig eine literarische Kostbarkeit ist der „Hortulus" des Walahfrid Strabo (809–849), des Abtes im Kloster Reichenau (vgl. S. 77ff).

In Teilen tradiert der Bauerngarten die Anlage und Pflanzenauswahl des mittelalterlichen Klostergartens bis heute. Als Nutz- und Ziergarten am Haus ist er vor allem das Reich der Frau, deren ganzer Stolz sein Blumenschmuck ist. Noch immer werden dabei die alten Symbolpflanzen wie Madonnenlilien, Rosen, Veilchen und Maiglöckchen, Akelei, Pfingstrose und Rittersporn bevorzugt angepflanzt.

Im Hochmittelalter schuf sich die höfisch-ritterliche Gesellschaft den Lustgarten mit spürbaren Einflüssen des Orients, die durch Kreuzzüge, Pilger- und Handelsreisen vermittelt wurden. Die Gartenanlagen, die zwischen Romantik und Gotik im 12. und 13. Jahrhundert entstanden, waren beliebte Aufenthalts- und Vergnügungsorte und entwickelten sich für den Adel in der warmen Jahreszeit zu regelrechten Wohngärten. Mit ihren sorgfältig gepflegten, blumigen Rasenflächen boten sie genügend Raum für viele Menschen, für Gelage, Spiel und Tanz, und mit ihren Büschen, Bäumen und berankten Lauben gab es auch begehrte schattige Verstecke für Liebende. Das Aussehen dieser Gärten wird in zahlreichen profanen Darstellungen, in Illustrationen von Dichtungen wie dem „Rosenroman“ (vgl. S. 31ff) oder Bildteppichen, festgehalten.

Die Kirche hingegen sah in diesen Lust- und Liebesgärten vorwiegend Orte sündhafter Verlockung, die sie in ihrer Weltabgewandtheit verurteilen mußte. Noch Hieronymus Bosch, dessen Werk zwischen Mittelalter und Neuzeit steht, zeigt in seinem kurz vor 1500 entstandenen „Garten der Lüste“ das weltliche Treiben kritisch und die Triebhaftigkeit in phantastischer Übersteigerung. Beliebte Bildthemen der christlichen Kunst im Mittelalter waren symbolische Gärten wie der „hortus conclusus“, der Marien- und Rosengarten oder das „Paradiesgärtlein“ (vgl. S. 49ff und 52ff) – ideale Aufenthaltsorte für heilige Gestalten, zwischen Himmel und Erde gelegen und erfüllt von Wonne, Stille und Verklärung.

Nach dem Niedergang der Feudalgesellschaft und dem Erstarken der Städte entwickelten sich, noch nach höfischem Vorbild, die Gärten des spätmittelalterlichen und frühneuzeitlichen Bürgertums. Am Haus oder außerhalb der Wohnsiedlungen gelegen, dienten sie gleichzeitig dem Nutzen und der Erholung.

In der Renaissance wurde der Blick nach außen durch vermehrte Auslandsbeziehungen noch mehr geöffnet, vor allem durch die See- und Handelsstädte Italiens. Gärten wurden wesentlicher Bestandteil des kulturellen und künstlerischen Ausdrucks dieser Epoche. Unter Ausnutzung und Einbeziehung der natürlichen Bodenbeschaffenheit des Geländes und der Quellen wurden Stützmauern, Terrassen, Treppen und Wasserspiele geschaffen und Laubengänge, beschnittene Buchsbaumhecken

und immergrüne Gehölze angelegt. Einzeln stehende Bäume wie Pinien und Zypressen sollten in den architektonisch-perspektivischen Gärten, die die Gebäude umrahmten, besondere Akzente setzen. Eines der berühmtesten Beispiele hierfür war der wohl prachtvollste Wassergarten der Welt bei der Villa d'Este in Tivoli.

Im 16. und 17. Jahrhundert übernahmen die Bürger verschiedener europäischer Städte für ihre Gärten Anregungen aus Italien. So sind beispielsweise in Deutschland Berichte von den berühmten Fuggergärten in Augsburg überliefert, die Kaiser Karl V. im Jahr 1530 besucht und bewundert haben soll.

Im Barock übernahm Frankreich unter Ludwig XIV. die Führung, ausgehend von einer regelrechten Gartenarchitektur, die für ganz Europa maßgebend wurde und unter seinen Fürsten eifrige Nachahmer fand. Streng geometrisch-axiale Prospekte bezogen diese Repräsentationsgärten, die für Festlichkeiten und prunkvolle Empfänge berechnet und angelegt waren, direkt auf die Gebäude, deren luxuriöse Erweiterung sie darstellten. Brunnenanlagen, streng beschnittene Bäume und Hecken, Blumenboskette und Orangerien waren neben Rasenflächen und Bildwerken an den Wegen beliebte Gestaltungsmittel. Die Natur wurde der Kunst untertan gemacht und in die jeweils gewünschte Form gezwungen. So aber war der Garten kein Ort des Behagens mehr, da alles in Regelmäßigkeit erstarrte und dadurch zeremoniell und steif wirkte.

Als Gegenbewegung entstand im England des 18. Jahrhunderts der die Natur idealisierende, malerische Garten, bei dem das menschliche Eingreifen kaum spürbar sein durfte. Außerdem machten sich zum ersten Mal ostasiatische Einflüsse auf die europäische Gartenkultur bemerkbar. Räume wurden durch Baumgruppen, Gehölzpflanzungen und ausgedehnte Rasenflächen geschaffen, dazwischen erfreuten Blumenrabatten durch ihre Farben und Düfte. Sogar Tiere belebten die Gärten, deren Grenzen sich in der freien Landschaft verloren.

In Deutschland entwickelten sich große Parkanlagen, beispielsweise in Wörlitz und Sanssouci. In München wurde der „Englische Garten" als ein solcher Naturgarten angelegt, und auch in anderen Städten brachten großzügige Grünanlagen erfreuliche Veränderungen und Verschönerungen mit sich, die bis in die Städteplanungen der Gegenwart fortwirken.

Im 19. Jahrhundert bildete sich kein eigener Gartenstil heraus. Man kopierte geschichtliche Vorbilder, ahmte ohne rechtes Verständnis chinesische Gärten nach und fügte im romantischen Sinne künstliche Ruinen und Felsgrotten, Aussichtspunkte mit

Tempeln, Brunnen, Teiche und Pavillons, verschlungene Wege und Bänke zum Verweilen ein. Andererseits eröffneten Pflanzenzucht und Gartenbautechnik neue Möglichkeiten. Botanische Gärten, private Pflanzensammlungen und wissenschaftliche Forschungsstätten wurden gegründet und gefördert. Der Garten verselbständigte sich und blieb daher meist ohne Bezug zum Gebäude, was sich erst wieder im Jugendstil änderte.

Bei der formalen Gestaltung wurden auch im 20. Jahrhundert noch historische Gartenstile gepflegt. Nach dem Ersten Weltkrieg erfolgte allerdings eine gewisse Öffnung und Demokratisierung der großen Gartenanlagen; die Freigabe fürstlicher Schloßgärten für die breite Öffentlichkeit führte zu Volksparks.

In den Ballungszentren sind Stadtparks und Grüngürtel inzwischen unverzichtbar, denn sie dienen der Allgemeinheit zur Erholung vom Alltagsstreß und fördern die Gesundheit. Daneben sind Schulgärten, Werksgärten für die Arbeitspausen, Kleingartenanlagen in Randgebieten und sogar private Dachgärten auf Hochhäusern dringend erforderlich, um der Massengesellschaft in den Großstädten mit ihrer Hektik und Verkehrsdichte reinere Luft, Ruhe und Entspannung in schönen und gepflegten Freiräumen zu bieten. Wer heute trotz des immer knapper werdenden Baulandes einen Garten sein Eigen nennt, kann sich glücklich schätzen. Seine Anlage und Pflege ist sinnvolle Freizeitbeschäftigung, die schöpferische Kräfte weckt, ästhetischen Genuß zu bereiten und seinen Besitzer mit Freude und Hoffnung, Erwartung und Zukunftsgewißheit zu erfüllen vermag.

Das Streben in die Ferne zu „Urlaubsparadiesen" führt dagegen nur zu mehr oder weniger flüchtigen Freuden. Ein Garten verbürgt die Beständigkeit eines bescheidenen Glücks. Dies wußte bereits Johann Wolfgang von Goethe (1749–1832) zu schätzen, der seinen Garten in Weimar besonders liebte:

Weit und schön ist die Welt,
Doch oh! wie dank' ich dem Himmel,
Daß ein Gärtchen beschränkt
Zierlich mir eigen gehört.
Bringet mich wieder nach Hause!
Was hat ein Gärtner zu reisen?
Ehre bringt ihm und Glück,
Wenn er sein Gärtchen besorgt.

(3) Adam benennt die Tiere. Miniatur aus der „Vorauer Volksbibel“.
(15) Lucas Cranach d. Ä., Adam und Eva, 1521. Schleswig-Holsteinisches Landesmuseum.
(19) Hans Memling, Eva (Ausschnitt). Kunsthistorisches Museum, Wien.
(21) Mosaik mit Pfau. San Vitale, Ravenna.
(22) Das irdische Paradies (Ausschnitt). Miniatur aus dem „Stundenbuch des Herzogs von Berry“, 15. Jhd. Musée Condé, Chantilly.
(30) Edward Burne-Jones / Henry Dearle, Pomona, 1900. Victoria & Albert Museum, London.
(33) Liebespaar im Baumgarten. Illustration aus dem „Roman de la Rose“, Mitte 13. Jhd. British Library, London.
(38) Buddhistische Buchillustration aus Burma, 19. Jhd. British Library, London.
(42) Edward Burne-Jones, Der Pilger im Garten, 1901. Badisches Landesmuseum, Karlsruhe.
(45) Saure Granatäpfel. Illustration aus dem „Tacuinum sanitatis“ von Rouen. Bibliothèque Municipale, Rouen.
(51) Die Jungfrau mit dem Einhorn. Marienteppich aus der Marienkirche, Gelnhausen, um 1500.
(53) Meister des Paradiesgärtleins, Madonna in den Erdbeeren, um 1410/20. Kunstmuseum Solothurn.
(56) Andrea Mantegna, Agonie im Garten, 1457–59. Musée des Beaux-Arts, Tours.
(60) Jacob Cornelisz van Oostsanen, Christus als Gärtner, 1507. Staatliche Gemäldegalerie, Kassel.
(69) Chen Mei, Freizeitvergnügen der Kaiserlichen Konkubinen, 1738. Palastmuseum, Peking.
(72) Hwagu-I Kirmani, Humai und Humayun in einem Garten, 1. Hälfte 15. Jhd. (Ausschnitt). Musée des Arts Décoratifs, Paris.
(75) Assurnipal speist mit seiner Gattin im Garten. Assyrisches Relief, 7. Jhd. v. Chr.
(78) Joaquim Mir Trinxet, Der Garten der Einsiedelei. Museo del Prado, Madrid.
(84) Von Blumen und Wasser. Stich aus der „Theorie der Gartenkunst von Christian Lay Laurenz Hirschfeld“, 1779–85.
(86) Pierre-August Renoir, Im Gespräch mit dem Gärtner, um 1875 (Ausschnitt). The Art Institute, Chicago.
(89) Claude Monet, Der Garten in Argenteuil, 1873. © VG Bild-Kunst, Bonn 1996.
(90) Edouard Manet, Die Familie Monet im Garten, 1874. The Metropolitan Museum of Art, New York.
(96) König Faridun mit seinen Söhnen. Illustration einer arabischen Handschrift. Chester Beatty Library, Dublin.
(103) Jan Brueghel de Velours, Das irdische Paradies. Museo del Prado, Madrid.
(107) Józef Mehoffer, Der merkwürdige Garten, 1903 (Ausschnitt). Warschau, Nationalmuseum.
(109) Grabfresko aus Theben, um 1500 v. Chr.
(111) Fresko aus der Casa del Frutteto, Pompeij, 1. Jhd. n. Chr.
(116) Giusto Utens, Vogelschau der Villa Medici in Castello bei Florenz, 1599. Museo Topografico, Florenz.
(118) Georges Seurat, Ein Sonntagnachmittag auf der Ile de la Grande Jatte, 1885. The Art Institute, Chicago.